재미있는 시사프랑스어

김일태 지음

신아사

▌머리말

외국어 회화가 유행인 요즘 프랑스어 독해는 학생들에게 쉽지 않은 영역으로 변해가고 있는듯 합니다. 몇 년 전 문학을 기본으로 하는 수업에서도 학생들은 프랑스어로 된 교재를 매우 부담스러워 했습니다. 이런 부담을 좀 줄일 수 있는 교안을 생각하던 중에 우연치 않게 시사프랑스어를 준비하게 되었습니다. 회화와 독해, 두 가지를 동시에 시도해 볼 수 있는 시사프랑스어는 한 번 해 볼만한 공부가 아닐까 합니다.

우리는 문장의 주어, 동사, 목적어를 파악하면 뜻을 이해할 수 있다고 배웠습니다. 그런데 막상 문장을 놓고 보면 이런 요소들이 잘 보이지 않는 경우가 많습니다. 이것은 우리가 문장을 파악하는 능력이 부족하기 때문이기도 합니다마는 한글로 풀이가 되고 활자화 된 문장을 반복적으로 볼 수 있는 기회가 별로 없었기 때문이라 생각합니다. 여기서 내가 의도한 것은 가장 쉬운 방식으로 문장을 반복적으로 보는 것이며 문법적인 어휘도 최소한 줄인 것이며 문장도 최소한 작은 단위로 자르는 것입니다. 이렇게 만들어진 문장을 반복하다보면 문장이 일정한 형태로 되어있다는 것을 파악하게 되고 그러므로 문장을 보는 기술이 자연히 습득되리라 생각합니다.

이 책은 2001년 동안 사이버 대학에서 수업한 것을 정리한 내용입니다.

전 세계가 하나의 통신망으로 연결되어 적어도 한 가지 외국어가 꼭 필요한 것처럼 느껴지는 오늘날 외국 뉴스를 우리나라 방송을 통해서 동시에 보고 한국어로 듣는다는 것은 무척 흥미 있는 일이라 하겠습니다. 그러나 소개된 외국의 뉴스가 몇 일 전 것이거나 내용이 축소된 것으로 우리의 욕구를 충족시켜주지 못하고 있습니다. 이와 같은 문제점은 우리에게 시사적인 프랑스어의 필요성을 느끼게 하고 있습니다.

여기서 소재로 선택한 것은 주로 T. F. 1(프랑스 국영 제1 TV 방송)과 르몽드 그외 잡지들로 인터넷에서 뽑은 자료들입니다. 이 수업에서 볼 수 있는 내용은 프랑스어를 배우고자 하는 사람이면 흥미를 가질 수 있는 것으로 선택하고자 했습니다. 프랑스어가 골치 아픈 언어가 아니라 충분히 다가갈 수 있는 것이라는 것을 보여주고 싶었기 때문입니다. 물론 인터넷 세상이 우리로 하여금 다양한 정보를 주고 있기 때문에 이와 같은 방식의 수업이 가능했으리라 생각합니다.

이 책을 출간하는 이유는 시사라는 일회성 때문이었습니다. 수업을 위하여 많은 시간을 투자하지만 한 번 수업을 하면 벌써 역사가 되는 시사는 그 특성상 용도가 없어지게 됩니다. 그러나 이 분야를 알고 공부하고자 하는 경우에는 시사적인 용어, 문법, 표현 등, 많은 도움을 주리라 생각했습니다.

이 책이 여러분이 스스로 공부하는데 많은 도움을 주었으면 합니다. 한가지 아쉬운 점은 시사는 내용의 변화가 무척 빠르다는 것입니다. 여러분 실력향상을 위해 프랑스어로 된 시사에 많은 관심을 가졌으면 합니다.

2002. 8. 김일태

차 례

클레오파트라

4월 16일자 뉴스에서 뽑은 클레오파트라의 미모에 대한 의구심을 나타내는 내용입니다. 절세의 미녀라 알려진 그녀에 대해 생각해보는 것도 재미있지 않을까요? 파스칼의 유명한 "클레오파트라의 코: 코가 더 짧았더라면 지도가 바뀌었을 것이다" (Le nez de Cléopâtre: s'il eût été plus court, toute la face de la terre aurait changé.)를 생각하면 도대체 그녀가 얼마나 예뻤으면 이런 말이 다 나왔을까하고 생각하게 했던 클레오파트라에 대한 기사를 봅시다.

시작하기 전에 여러 번 소리내어 읽읍시다.

Plus de 2.000 ans après la mort de Cléopâtre, sa beauté continue de déchaîner les passions. Ce sont les Anglais qui ont tiré les premiers. Le 25 mars dernier, le journal dominical Sunday Times a affirmé que l'ancienne reine d' Egypte était petite, grassouillette et plutôt laide.

Le journal s' est appuyé sur onze statues qui seront exposées à partir du 12 avril au British Museum et qui révèlent que Cléopâtre était loin de ressembler aux actrices l' ayant incarnée à l' écran (Elizabeth Taylor, Vivien Leigh, Sophia Loren et bientot Monica Bellucci). Sa prétendue beauté est "un mythe ne reposant probablement sur rien", commentait la responsable de l'exposition Susan Walker, citée par le journal. Mesurant à peine 1,50 m, la reine au fameux nez avait en effet une nette tendance à l'embonpoint, un air revêche et des dents mal plantées, selon le Sunday Times, qui a publié en première page une image virtuelle de la reine.

Cette démystification d' une légende nationale a fait monter la moutarde au nez des Egyptiens. Selon Zahi Hawwas, le directeur des Antiquités pour la region des Pyramides de Guizeh, les "allégations" britanniques sont erronées. Et de citer pour exemple les gravures du temple de Dendera à Qena (640 km au sud du Caire) representant Cléopâtre allaitant son fils Césarion, ainsi qu' une statue à son effigie au musée de San José, en Californie, qui attestent de "sa beauté et de son charme". "Si la reine était laide, pourquoi Jules César, et après lui Marc Antoine, seraient-ils tombés amoureux d'elle ? C'était une reine intelligente et une fine mouche, comme la décrivent les anciens textes grecs", a-t-il insisté. Pour Azza Chehata, professeur de sociologie à l'université d'Aïn Chams, au Caire, la polemique n'a pas lieu d'être car "les canons de la beauté varient selon l'époque et la société".

Bien sûr, la vraie Cléopâtre" n'était pas d'une beauté exceptionnelle comme on l'imagine à cause des versions romantiques selon lesquelles elle aurait séduit Jules César et Marc Antoine par sa beauté", a reconnu Gehane Zaki, professeur à l'université égyptienne de Helouane et spécialiste de l'époque gréco-romaine. Dans le jeu de la séduction, a-t-elle expliqué, "elle ne comptait pas sur sa beauté physique mais sur son habileté".

자, 문장을 보면서 허구와 실체를 생각해 볼까요? 내용이 어렵지는 않으나 기사가 좀 길군요. Tant pis!

Plus de 2.000 ans après la mort de Cléopâtre, sa beauté continue de déchaîner les passions.

- plus de + 수량표현: …이상의
- continuer à/de: 계속해서 …하다.
- déchaîner: 불러일으키다, 유발하다.
- passion: f. 열정, 정열, 격정, 흥분

클레오파트라의 죽음 후 2000년 이상 그녀의 미모는 계속해서 흥분을 유발하고 있다.

Ce sont les Anglais qui ont tiré les premiers.

- tirer: 쏘다, 발사하다, 포문을 열다.

1. 기본문장: Ce sont les Anglais = <u>그것은 영국인들이다.</u>

2. 영국인들은: qui ont tiré les premiers = 처음으로 포문을 열었던 것은
- 이 문장은 c'est~qui의 문장인 것을 우선 파악하는 것이 좋다. **…하는 것은 …다**로 해석이 된다.

처음으로 포문을 연 것은 영국인들이다.(영국인들이 먼저 포문을 열었다.)

Le 25 mars dernier, le journal dominical Sunday Times a affirmé que l' ancienne reine d' Egypte était petite, grassouillette et plutôt laide.

- dominical(ale, caux): 일요일의, 주일의
- affirmer: 단언하다, 주장하다.
- grasouillet(te): 오동통한, 토실토실한

1. 기본문장: le journal dominical(주어) + a affirmé(affirmer동사 복합과거) + que… = que 이하를 일요신문은 주장했다.
2. 언제: 지난 화요일 25일
3. 어디서: 일요신문인 선데이 타임즈
4. 무엇을: que 이하를. que l' ancienne reine d' Egypte(종속절의 주어) + était(être동사 반과거) + petite, grassouillette et plutôt laide(주어 속사의 나열) = 이집트의 이전의 여왕은 작고 토실토실하고 오히려 못생겼다고.

일요신문인 선데이 타임즈는 이집트의 옛날 여왕은 키도 작고 토실토실하고 오히려 못생겼다고 주장했다.

Le journal s' est appuyé sur onze statues qui seront exposées à partir du 12 avril au British Museum et qui révèlent que Cléopâtre était loin de ressembler aux actrices l' ayant incarnée à l' écran (Elizabeth Taylor, Vivien Leigh, Sophia Loren et bientot Monica Bellucci).

- s'appuyer sur: …에 의지하다, …에 근거하다.
- exposer: 전시하다.
- à partir de: …부터
- révéler: 폭로하다
- ressembler à: …와 닮다.

- incarner: (역을) 연기하다.

1. 기본문장: Le journal(주어) + s' est appuyé sur(대명동사 appuyer의 복합과거) + onze statues(목적어) = 신문은 11개의 조각상에 걸쳐 근거하고 있다.

- sur + 무관사 수형용사는 **…에 걸쳐**의 뜻이다.

2. onze statues에 대한 설명은 qui seront exposées…..et qui révèlent que…에 걸쳐서 되고 있다. seront exposées는 수동태 미래로 전시되어지다.
3. 언제: 4월 12일부터, 어디서: 대영 박물관에서
4. ressembler aux actrices l' ayant incarnée à l' écran = 화면에서 역을 했었던 배우들을 닮는다는 것

- 이 문장에서 중성대명사 l'는 클레오파트라를 가리키고 있기 때문에 incarnée에 **e**가 더 붙었다.
- l'ayant incarnée는 조동사가 avoir임에도 incarnée에 **e**가 더 붙었다. 이것은 조동사 앞에 여성을 가리키는 중성대명사 l' 가 왔기 때문이다. 만약 l'가 없다면 동사는 ayant incarné가 된다. **복합형 과거분사**는 말해지고 있는 시제 보다 앞선 것이므로 **완료형**이라 하겠다. 이것을 바꾸어 보면 ressembler aux actrices qui avaient incarné à l'écran 이 된다.

신문은 4월 12일부터 대영 박물관에서 전시가 될 11개의 조각상에 걸쳐 근거하고 있다. 그리고 이 조각상은 클레오파트라가 화면에서 연기를 했던 배우들을 닮은 것과는 거리가 멀다고 폭로한다. (엘리자베스 테일러, 비비안 리, 소피아 로렌 그리고 곧 모니카 벨루치가 역을 하게 될)

Sa prétendue beauté est "un mythe ne reposant probablement sur rien", commentait la responsable de l'exposition Susan Walker, citée par le journal.

- prétendue: a. 소위 말하는
- reposer sur qn/qc: …에 기초를 두다, …을 근거로 하다.
- citer: 인용하다, 언급하다.

1. 기본문장: Sa prétendue beauté(주어) + est(동사) + un mythe(주어 속사) = 소위 말하는 그녀의 미모는 신화이다.
2. 분사구문: un mythe ne reposant probablement sur rien = 아무 것에도 근거를 두지 않는 신화

- 이 문장의 동사는 현재분사로 문장을 바꾸어 보면 un mythe qui ne repose sur rien이 된다.

3. commentait(동사) + la responsable de l'exposition Susan Walker(주어) = 전시회의 책임자인 수잔 월커는 말했다.
- 이 문장은 삽입이 된 문장으로 삽입 문장은 주어와 동사를 도치시키기 때문에 이것이 의문문이 아니라는 것에 유의 해야한다. 따라서 문장을 바꾸어 보면 la responsable de l'exposition Susan Walker commentait가 된다. la responsable de l'exposition은 Susan Walker와 동격이다.
4. citée par le journal 는 해석하면 신문에 의해 인용된이 된다. 그러나 이렇게 문장을 보면 글은 스피드가 있으나 이해 할 때 문제가 생긴다. 그러므로 문장을 좀 더 풀어보는 것이 좋다. 즉 le journal a cité que sa prétendue beauté est un mythe… 결국 이 문장의 주어는 신문이 된다. 이렇게 되면 주요 기사의 내용이 퇴색되므로 중요한 내용을 앞으로 보내고 중요하지 않은 것은 간략한 문장으로 바꾸어 놓게 되는 경향이 있는데 지금 이 문장이 바로 그런 경우이다.

소위 말하는 그녀의 미모는 "아마도 어떤 것에도 근거하지 않은 하나의 신화이다"라고 전시회의 책임자인 수잔 월커가 말했다고 신문은 인용했다.

Mesurant à peine 1,50 m, la reine au fameux nez avait en effet une nette tendance à l'embonpoint, un air revêche et des dents mal plantées, selon le Sunday Times, qui a publié en première page une image virtuelle de la reine.

- mesurer: (키가)…이다.
- à peine: 겨우, 간신히
- avoir une tendance à + qc (inf.): …의 (하는) 경향이 있다.
- embonpoint: m. (초기 단계의) 비만, 살이 약간 찐
- revêche: 까다로운, 무뚝뚝한
- des dents mal plantées: 고르지 못한 치아
- en première page: 1면에
- virtuel: 가능성 있는, 가상의

1. 기본문장: la reine(주어) + avait une tendance à(숙어) + l'embonpoint(주어속사) = 여왕은 약간 비만의 경향이 있었다.
- au fameux nez는 전치사 à로 인해 여왕의 특징을 표현하고 있다.
  ◦해석: 유명한 코의 (여왕은)
2. Mesurant à peine 1,50 m = 겨우 1m50의 키인 여왕

- mesurant은 동사의 성격을 지닌 분사로 la reine qui avait à peine 1,50m로 바꿔 볼 수 있다.
3. un air revêche et des dents mal plantées = 무뚝뚝한 표정과 고르지 못한 치아와 함께
- 이 문장은 앞에 avec을 붙여보면 쉽게 이해가 된다. 즉 avec un air revêche et avec des dents mal plantées로 말이다.
4. selon le Sunday Times, qui a publié en première page une image virtuelle de la reine = 첫 장에 여왕의 가상 이미지를 출판한 선데이 타임즈에 의하면
- 이 문장도 앞의 것과 마찬가지로 이해하면 된다.
- qui는 선데이 타임즈를 수식하고 있다.

첫 장에 여왕의 가상 이미지를 출판한 선데이 타임즈에 의하면 겨우 1m50의 키인 여왕은 무뚝뚝한 표정과 고르지 못한 치아와 함께 사실 또렷한 약간 비만의 경향이 있었다.

Cette démystification d' une légende nationale a fait monter la moutarde au nez des Egyptiens.

- démystification: f. (미망으로부터의) 각성, 탈 신화화
- monter la moutard au nez: 화가 치밀다.

1. 기본문장: Cette démystification(주어) + a fait monter(사역동사 복합 과거) + la moutarde au nez(목적어) = 이 탈 신화화는 화가 치밀게 했다.
2. d'une légende nationale에서 **de**는 **…에 관한**으로 해석하는 것이 좋다.

국가적인 전설에 대한 이 탈 신화화는 이집트인들을 화나게 만들었다.

Selon Zahi Hawwas, le directeur des Antiquités pour la region des Pyramides de Guizeh, les "allégations" britanniques sont erronées.

- allégation: f. 주장, 의견, 진술
- érroné(e): 틀린, 잘못된

1. Zahi Hawwas, le directeur des Antiquités 자이 합바스와 고대 미술품의 책임자는 동격이다.
2. 기본문장: les allégations britanniques(주어) + sont(동사) + erronées(속사로 주어의 성

과 수에 일치) = 영국(인들)의 의견(들)은 잘못된 것이다.

기제의 피라미드의 지역에 관한 고대 미술품 책임자인 자이 합바스에 의하면 영국인들의 "의견"은 잘못된 것이다.

Et de citer pour exemple les gravures du temple de Dendera à Qena (640 km au sud du Caire) representant Cléopâtre allaitant son fils Césarion, ainsi qu' une statue à son effigie au musée de San José, en Californie, qui attestent de "sa beauté et de son charme".

- pour exemple: 본보기로
- gravure: f. 조각
- allaiter: 젓 먹이다.
- Césarion: 씨저의 아들이라는 뜻
- effigie: f. 초상화, 초상
- attester de: …의 증거가 되다.

1. 기본문장: Et de citer les gravures ainsi qu'une statue는 우선 **de+inf.**가 **서술의 부정법**인 것에 유의하는 것이 좋다. 이 부분을 해석하면 **그리고는 인용했다**가 된다. 문장을 바꾸어 보면 et il cite les gravures et une statue로 할 수 있다. 여기서 il은 고대 미술품 책임자로 보면 된다. 즉 citer하는 사람이 자이 합바스인 것이다.
2. les gravures du temple(주어) + representant(현재분사로 동사적 성격) + Cléopâtre(목적어) = 클레오파트라를 나타내는 사원의 조각들
3. 어떤 클레오파트라: Cléopâtre allaitant son fils Césarion = 시저의 어린 아들에게 수유하는 클레오파트라

- 이 문장에서 클레오파트라가 목적어이고 다음에 현재분사가 왔으므로 문장을 바꿔보면 Cléopâtre qui allaite son fils Césarion이 된다. 해석을 하면 그의 아들 쎄자리옹에게 젓을 먹이고 있는 클레오파트라가 된다. **시제를 현재로 한 것은 동상의 정지된 모습이 그녀가 젓을 먹이는 모습이기 때문이다.**

4. une statue à son effigie = 그녀를 닮은 동상
5. qui attestent de sa beauté et de son charme = 조각과 동상은 그녀의 미모와 매력의 증거가 된다.

- 여기서 qui는 les gravures 와 statue를 받고 있다.

6. temple de Dendera à Qena (640 km au sud du Caire) = 카이로로부터 남쪽 640km 크나에 있는 당드라 사원

그리고는 예를 들기 위해 그녀의 아들 어린 쎄자리옹에게 젖을 먹이는 클레오파트라를 나타내는 (카이로로부터 남쪽 640km) 크나에 있는 당드라 사원의 조각과 더불어 캘리포니아 산 호세 박물관에 있는 그녀와 닮은 동상을 인용한다. 이것은 그녀의 미모와 매력의 증거가 된다.

"Si la reine était laide, pourquoi Jules César, et après lui Marc Antoine, seraient-ils tombés amoureux d'elle ?

- tomber amoureux de qn: …와 사랑에 빠지다.

1. 이 문장은 **조건법 현재**로 **…한다면 …할 것이다**로 해석한다. 문장이 의문형이므로 우선 평서문으로 해석한 다음 의문형으로 바꾸는 것이 좋다. 즉 여왕이 미웠다면 사랑에 빠졌을 것이다. → 여왕이 미웠다면 사랑에 빠졌을 것인가?

여왕이 미웠다면 어떻게 줄리어스 씨저와 그 다음의 마크 안토니오가 그녀와 사랑에 빠졌을까요?

C'était une reine intelligente et une fine mouche, comme la décrivent les anciens textes grecs", a-t-il insisté.

- fine mouche: 교활한(꾀많은) 사람
- décriver: 묘사하다.

1. comme la décrivent les anciens textes grecs에서 **comme**는 **이유**를 나타내고 있다. **la**는 **클레오파트라**를 가리키고 있다.

- 이 문장 역시 주어가 긴 관계로 주어 동사가 도치되어 있다.
  이유: les anciens textes grecs(주어) + la(목적어) + décrivent(동사) = 고대 그리스 책자들이 그녀를 묘사하는 것처럼

2. a-t-il insisté는 삽입된 문장으로 간주되어 도치가 됐다.

그녀는 고대 그리스 책자들이 묘사하는 것처럼 영리하고 꾀 많은 여왕이었다, 라고 그는(자이 합바스) 주장했다.

Pour Azza Chehata, professeur de sociologie à l'université d'Ain Chams, au Caire, la polemique n'a pas lieu d'être car "les canons de la beauté varient selon l'époque et la société".

- polémique: f. 논쟁
- avoir lieu de + inf. : …할 이유가 있다, …하는 것은 당연하다.
- canon de la beauté: 미의 이상적인 인체 비율

1. 기본문장: la polemique(주어) + n'a pas lieu de + inf.= 논쟁이 …할 이유가 없다.
- **être 동사**는 그 성격을 그대로 살려 **있다**로 해석하면 된다. 즉, 논쟁이 있을 이유가 없다.
2. Pour Azza Chehata(주어) + professeur de sociologie à l'universitéd'Aïn Chams(동격) = 아인 샴스 대학에서 사회학 교수인 아자 쉐하타에게 있어
3. au Caire = 카이로에 있는
- 전치사 à는 장소를 나타내고 있다.

카이로에 있는 아인 샴스 대학의 사회학 교수인 아자 쉐하타에게 있어서는 논쟁이 있을 이유가 없다. "미의 이상적인 인체 비율은 시대와 사회에 따라 변하기" 때문이다.

Bien sûr, la vraie Cléopâtre" n'était pas d'une beauté exceptionnelle comme on l'imagine à cause des versions romantiques selon lesquelles elle aurait séduit Jules César et Marc Antoine par sa beauté", a reconnu Gehane Zaki, professeur à l'université égyptienne de Helouane et spécialiste de l'époque gréco-romaine.

- être de: (소속을 나타내며 사람) 이다.
- à cause de: 이유로, 때문에
- version: f. 설명, 해명
- spécialiste: n. 전문가
- l'époque gréco-romaine: 그리스 로마 시대

1. 기본문장: la vraie Cléopâtre(주어) + n'était pas(être동사 반과거로 부정) + d'une beauté exceptionnelle (주어 속사) = 진짜 클레오파트라는 예외적인 미모의 사람은 아니었다.
2. comme on l'imagine = 우리가 상상하는 것처럼
3. à cause des versions romantiques selon lesquelles = 낭만적인 설명에 의하면

- 여기서 주의 할 것은 des version의 des는 à cause de + les가 합쳐진 것이다.
- lesquelles은 des versions romantiques을 가리키고 있는 관계대명사로 전치사 selon과 함께 관계대명사 복합형을 만들고 있다.

4. 관계사절: elle(클레오파트라) + aurait séduit(조건법 과거) + Jules César et Marc Antoine(목적어) = 그녀는 쥴리어스 씨저와 마르코 안토니오를 유혹했었을 것이다.
5. 무엇으로? par sa beauté = 그녀의 미모로
6. a reconnu Gehane Zaki = 게한느 자키는 인정했다.

- 삽입된 문장이므로 주어 동사가 도치 됐다.

6. Gehane Zaki(주어) +professeur à l'université égyptienne de Helouane et spécialiste de l'époque gréco-romaine(동격) = 헬루안느의 이집트 대학의 교수이며 그리스-로마 시대의 전문가인 게한느 자키

물론 진짜 클레오파트라는 "그녀의 미모로 쥴리어스 씨저와 마르크 안토니오를 유혹했을 것이다라는 낭만적인 설명 때문에 우리가 상상하는 것처럼 예외적인 미모의 사람은 아니었다"라고 헬루안느의 이집트 대학의 교수이며 그리스-로마 시대의 전문가인 게한느 자키는 인정했다.

Dans le jeu de la séduction, a-t-elle expliqué, "elle ne comptait pas sur sa beauté physique mais sur son habileté".

- séduction: f. 유혹, 매력
- compter sur qc/qn : …을 미다, …을 기대하다.
- habileté: f. 좋은 솜씨, 능숙함, 교묘함

1. Dans le jeu de la séduction = 유혹의 게임에서
2. a-t-elle expliqué도 삽입된 것이라 주어 동사가 도치 됐다.

- 여기서 **elle**은 위에서 말하고 있는 **게한느 자키**를 받고 있다.

3. elle ne comptait pas sur sa beauté physique mais sur son habileté 이 문장은 부정문과 긍정문을 연결시킨 것으로 풀어보면 elle ne comptait pas sur sa beauté physique (그녀는 그녀의 육체적인 미모에 기댄 것은 아니었다) 와 elle comptait sur son habilité(그녀는 그녀의 능숙함에 기댔었다)로 compter sur 동사가 되풀이되는 것을 피하기 위하여 mais라는 연결어를 사용하고 있다.

유혹이라는 게임에서 그녀는 "그녀의 육체적인 미모에 기댄 것이 아니라 그녀의 능숙함에 의지했다"라고 그 여교수는 설명했다.

폐결핵 환자의 증가

다음 기사는 tf1에서 뽑은 폐결핵에 관한 내용입니다. 기사가 길기는 하나 과히 어려운 내용은 아닙니다. 결핵과 에이즈의 상관 관계에 대해서도 생각해 볼 수 있는 기회를 제공하는 내용입니다. 시작하기 전에 큰 소리로 여러 번 읽기 바랍니다.

Aujourd'hui a lieu la journée mondiale de la tuberculose. En dépit de médicaments particulièrement bon marché et efficaces, l'Organisation mondiale de la santé (OMS) dénonce l'augmentation du nombre des nouveaux cas chaque année. Cette épidémie reste très liée à celle du sida.

Chaque jour dans le monde, 5.000 personnes décèdent de la tuberculose, soit près de deux millions par an. Pourtant selon l'Organisation Mondiale de la Santé (OMS), il existe une stratégie simple pour guérir la plupart des personnes qui souffrent de cette maladie : un traitement sur six à huit mois qui ne coûte que 10 à 15 dollars par patient. Mais les chiffres sont là : huit millions de nouveaux cas en 1997 et 8,4 millions en 1999. Pour Gro Harlem Bruntland, directrice générale de l'OMS ce constat est inacceptable. "Il est scandaleux qu'en dépit de la disponibilité d'un médicament aussi bon marché et aussi efficace, autant de personnes continuent à mourir de la tuberculose." Et de s'indigner : "Il est inexcusable que moins d'un quart des malades ait accès à un traitement efficace." Il faut savoir que sans traitement, une seule personne ayant une tuberculose contagieuse peut infecter 10 à 15 personnes par an.

Entre 1997 et 1999, l'épidémie mondiale de tuberculose a progressé de 6%. Si cette tendance se poursuit, les objectifs de la conférence ministérielle des 20 pays les plus touchés, qui s'était tenue à Amsterdam en Mars 2000, pourraient être revus à la baisse. En effet, cette conférence avait prévu de détecter 70% des nouveaux cas et d'en guérir 85% d'ici 2005. Selon l'OMS, cette cible de 70% ne sera pas atteinte avant 2013. Quelque 10,2 millions de nouveaux cas pourraient survenir chaque année d'ici 2005.

70% des personnes qui ont la tuberculose sont infectées par le VIH
Les populations les plus touchées résident dans les pays africains. Ces derniers ont connu une augmentation de 20%. Ce sont aussi les plus touchés par le sida, car les deux maladies sont étroitement liées. Selon des études effectuées dans plusieurs pays en développement, jusqu'à 70% des personnes qui ont la tuberculose sont infectées par le VIH. "Dans ces pays, la tuberculose est la première manifestation du sida dans plus de la moitié des cas", souligne le Dr Peter Piot, directeur exécutif de l'Onusida.

Dans le monde, près de 13 millions de personnes sont infectées à la fois par le VIH et la tuberculose. Or, contrairement au sida, la tuberculose peut être guérie, même chez les personnes porteuses du VIH. "D'où notre frustration face à la pénurie d'antituberculeux qui résulte souvent de contraintes financières", souligne le Dr Ian Smith, du département de l'OMS "Halte à la tuberculose". Aussi l'OMS et ses partenaires (agences de l'ONU, Banque mondiale, ONG, etc.) ont lancé, mercredi à Washington, une campagne d'au moins 50 millions de dollars visant à améliorer l'accés aux antituberculeux de 10 millions de malades au cours des cinq prochaines années.

기사가 좀 길지만 하나씩 풀어가기로 합시다.

Aujourd'hui a lieu la journée mondiale de la tuberculose.

- avoir lieu: 일어나다, 개최되다.
- journée mondiale: 세계적인 날
- tuberculose: f. 결핵

오늘 세계적인 결핵의 날이 개최됐다.

En dépit de médicaments particulièrement bon marché et efficaces, l'Organisation mondiale de la santé (OMS) dénonce l'augmentation du nombre des nouveaux cas chaque année. Cette épidémie reste très liée à celle du sida.

- en dépit de qc/qn: …에도 불구하고
- bon marché: 저렴한 가격
- l'organisation mondiale de la santé(OMS): 세계 보건기구
- dénoncer: 공식적으로 알리다, 규탄하다, 선언하다.
- augmentation: f. 증가
- lié(e) à: 관계가 깊은, 밀접하게 연관된
- cas: m. 환자

1. 기본문장: l'Organisation mondiale de la santé (OMS)(주어) + dénonce(동사) + l'augmentation(목적어) = 세계 보건기구는 증가를 공식적으로 알리고 있다.
2. Cette épidémie(결핵이라는 전염병) reste très liée à celle(épidémie를 받고 있는 지시대명사) du sida = 이 전염병은 에이즈와 밀접하게 연결되어 있다.

- rester동사는 **être 동사와 같은 성격**을 가지고 있다. 해석할 때는 따라서 **이다**나 **있다**로 해석하면 된다.
- rester liée à에서 liée에 e가 붙은 이유는 주어가 Cette épidémie로 여성이고, 동사가 être이므로 형용사를 주어의 **성.수에 일치**시키기 위해서 이다.

특별하게 저렴하고 효과적인 의약품에도 불구하고, 세계 보건기구는 해마다 새로운 상황(환자)의 증가를 공식적으로 알리고 있다.

Chaque jour dans le monde, 5.000 personnes décèdent de la tuberculose, soit près de deux millions par an.

- décéder: 죽다, 사망하다.
- soit: 즉, 다시 말해
  ex) soixante secondes, soit une minute. 60초, 즉 1분.

1. 5.000 personnes décèdent de la tuberculose에서 **de**는 **이유나 원인**을 나타내고 있어서 **…으로**로 해석하면 된다.

세상에서는 매일 5천명이, 다시 말해 일년에 거의 2백만 명이 결핵으로 사망한다.

Pourtant selon l'Organisation Mondiale de la Santé (OMS), il existe une stratégie simple pour guérir la plupart des personnes qui souffrent de cette maladie: un traitement sur six à huit mois qui ne coûte que 10 à 15 dollars par patient.

- stratégie: f. 전략, 방법, 작전
- guérir: 고치다, 치료하다.
- la plupart de + 복수명사: 대부분, 대다수, 거의 모든
- souffrir: 고통을 느끼다, 아프다, 고통을 겪다, 고생하다.
- maladie: f. 병, 질환
- traitement: m. 치료, 처치, 간호
- sur: …에 걸쳐
- patient: n. 환자

1. il existe une stratégie = 하나의 방법이 있다.
- 이 문장은 비인칭 구문으로 진주어는 une stratégie가 된다. 즉 une statégie existe로.
2. un traitement sur six à huit mois… = 6개월에서 8개월에 걸친 치료라는 방법이 있다.
- il existe une stratégie에 대한 설명으로 : 은 이 두 문장을 연결시켜주고 있다.

그렇지만 세계 복지기구에 의하면 이 질병으로 고통받는 대부분의 사람들을 치유하기 위해 * 간단한 방법이 있다고 한다: *환자 당 10에서 15달러가 들뿐인 6개월에서 8개월에 걸친 치료라는.*
cf. 이탤릭 부분은 *에 넣어도 된다.

Mais les chiffres sont là : huit millions de nouveaux cas en 1997 et 8,4 millions en 1999.

- cas: m. 환자

1. Mais les chiffres sont là = 그런데 여기에 숫자가 있다.
- 이 문장을 직역하면 그런데 숫자들이 있다가 된다. 이것은 어색하기도 하고 là의 의미가 전달이 안되고 있다. 그러므로 là를 여기에로 해석해서 문장을 보는 것이 좋다.
2. : 은 c'est à dire의 의미로 이유를 설명해주는 역할을 하고 있다.

그런데 여기에 1997년에는 8백만 명이 1999년에는 8백 40만 명의 새로운 환자라는 숫자(통계)가 있다 (통계가 문제다).

Pour Gro Harlem Bruntland, directrice générale de l'OMS ce constat est inacceptable.

- directrice générale: 여성 장관
- constat: m. 확인한 사실

1. Gro Harlem Bruntland와 directrice générale de l'OMS 는 동격 = 세계 보건기구의 장관인 그로 하렘 부린트랜

– 동격의 부분은 기본 문장을 우선 보고 난 다음에 보는 것이 문장을 쉽게 이해 할 수 있다. 즉 Pour Gro Harlem Bruntland ce constat est inacceptable로 보는 것이다. 그로 하렘 부린트랜에게 이 확인 된 사실은 용납하기 어렵다. 그런데 이 그로 하렘 부린트랜이 누구냐 하면 세계 보건기구 장관이다 의 방식을 말한다.

세계 보건기구의 장관인 그로 하렘 부린트랜에게 있어 이 확인 된 사실은 용납하기 어렵다.

"Il est scandaleux qu'en dépit de la disponibilité d'un médicament aussi bon marché et aussi efficace, autant de personnes continuent à mourir de la tuberculose."

- en dépit de: …에도 불구하고
- disponibilité: f. 자유로이 처분 (사용) 할 수 있음
- mourir de: …으로 죽다.

1. 기본문장: 감정을 나타내는 비인칭 구문 Il est scandaleux que 이하에는 **접속법**이 오며 **autant de personnes가 진주어**가 된다. autant de personnes(주어) + continuent(동사는 접속법 현재) + à mourir = 그렇게 많은 사람들이 계속해서 죽어야 한다는 것은 터무니없는 일이다.

"이렇게 값이 싸고 이렇게 효과가 좋은 의약품을 마음대로 사용할 수 있음에도 에도 불구하고 그렇게 많은 사람들이 계속해서 폐결핵으로 죽어야 한다는 것은 터무니없는 일이다".

Et de s'indigner:"Il est inexcusable que moins d'un quart des malades ait accès à un traitement efficace."

- s'indigner: 분개하다.
- un quart de: 4 분의 1
- avoir accès à: …에 접근하다
- traitement: m. 치료

1. de s'indigner의 de는 **부정법 앞에서의 de**이므로 **허사적 용법**이다.
2. "Il est inexcusable…" 이 문장도 감정을 동반하는 비인칭 구문으로 que 이하의 moins d'un quart des malades가 진주어이며 **동사는 접속법**이다.

그리고 분개한다. " 환자의 4 분의 1보다 적은 수가 효과적인 치료에 접근한다는 것은 있을 수 없는 일이다."

Il faut savoir que sans traitement, une seule personne ayant une tuberculose contagieuse peut infecter 10 à 15 personnes par an.

- contagieuse: 전염성의, 전염하기 쉬운
- infecter: 오염시키다, 병독을 전염시키다.

1. sans 다음에는 무관사 명사나 동사원형이 온다.
2. une seule personne ayant = …을 가지고 있는 한 사람

- 이 문장을 풀어보면 une seule personne qui ait의 문장으로 역시 비인칭 구문인 il faut que가 주절에 오고 있어 que이하에서는 접속법이나 해석은 현재분사로 해석하면 된다.

치료 없이(치료를 하지 않으면) 전염성의 결핵균을 가지고 있는 한 사람이 1년에 10에서 15명에게 병균을 옮긴다는 것을 알아야 한다.

Entre 1997 et 1999, l'épidémie mondiale de tuberculose a progressé de 6%.

1. l'épidémie mondiale de tuberculose에서 **de는 동격**의 성질이므로 **…라는** 으로 해석하면 됨.
2. de 6%의 **de는 정도**(…만큼)를 나타내고 있다.

1997년과 1999년 사이에 폐결핵이라는 세계적인 질병은 6% 정도가 증가했다.

Si cette tendance se poursuit, les objectifs de la conférence ministérielle des 20 pays les plus touchés, qui s'était tenue à Amsterdam en Mars 2000, pourraient être revus à la baisse.

- se poursuivre: 계속되다.
- objectif: m. 목적, 목표
- conférence ministérielle: f. 각료회의, 각료회담
- se tenir à: (회의가)열리다
- revoir: 재검토하다, 교정하다.
- à la baisse: 약세

1. 이 문장은 조건법 현재로서 si cette tendance se poursui. les objectif… pourraient être revus (revoir동사는 수동태)가 기본 구조로 된 문장이다. 해석하면 만약 이 경향이 계속 된다면, 목표가 재검토되어져야 할 것이다.
2. qui s'était tenue à Amsterdam en Mars 2000 = 2000년 3월에 암스테르담에서 개최된 각료회담.
- qui는 la conférence ministérielle을 설명해주고 있다.
3. des 20 pays les plus touchés = 가장 관련이 된 20개국
- les plus는 복수형태의 최상급이다.

이와 같은 경향이 지속된다면, 2000년 3월에 암스테르담에서 개최 된 가장 관련이 된 20개국의 각료회담의 목표는 약세로 재 수정되어져야 할 것이다.

En effet, cette conférence avait prévu de détecter 70% des nouveaux cas et d'en guérir 85% d'ici 2005.

- En effet: 실상, 사실
- prévoir: 예측하다, 예기하다, 예정하다.
- détecter: 검파하다, 검출하다, 알아내다.
- guérir: (병자를)고치다, 낫다.

1. 이 문장은 대과거 시제로 – avait prévu – 앞의 조건문 보다 선행 된 것이다. prévoir 동사는 de로 이끌리는 두 개의 동사 보어를 가지고 있다. 즉 **prévoir de détecter와 prévoir d'en guérir**
2. d'en guérir의 **en은 des nouveaux cas**를 가리키고 있다.
3. d'ici 2005의 d'ici는 지금부터 2005년까지의 의미임.

사실 이 회의는 70%의 새로운 환자를 검출하고 지금부터 2005년까지 새로운 환자 중 85%를 치유하는 것을 예정했었다.

Selon l'OMS, cette cible de 70% ne sera pas atteinte avant 2013.

- cible: f.목표, 대상
- atteindre: …에 다다르다, 달성하다

1. ne sera pas atteinte = 달성하지 못할 것이다.
- 전미래 시제로 미래에 완료가 되는 것 이전의 것을 말한다. 결국 하나의 예측이라고 하겠다.
2. cette cible de 70% = 70%라는이 목표
- de로 연결된 동격이다.
- 목표의 70%로의 해석도 가능하다.

세계 보건기구에 의하면 70%라는 이 목표는 2013년 전에는 달성하지 못할 것이다.

Quelque 10,2 millions de nouveaux cas pourraient survenir chaque année d'ici 2005.

- survenir: (사람이) 뜻밖에 오다, (사건이) 돌발하다.
- quelque: 대략, 약

1. 조건법 현재의 문장으로 추측을 나타내고 있다.
2. d'ici 2005 = 지금부터 2005년까지

대략 천 이십만 명의 새로운 환자가 지금부터 2005년까지 해마다 생겨날 수 있을 것이다.

70% des personnes qui ont la tuberculose sont infectées par le VIH. Les populations les plus touchées résident dans les pays africains.

- VIH: virus de l'immuno-déficience(에이즈 유발 인체면역결핍 바이러스)

1. 70% des personnes (qui ont la tuberculose) sont infectées par le VIH (수동태 현재)
   = 환자의 70%가 에이즈 유발 인체면역 결핍 바이러스에 감염되어 있다.
2. les plus touchées는 **최상급**으로 population이 여성명사 복수이므로 touchées에 es가 붙었다.

폐결핵을 가지고 있는 사람들의 70%가 VIH에 감염 되어있다. 가장 감염이 된 인구는 아프리카의 국가에 살고 있다.

Ces derniers ont connu une augmentation de 20%. Ce sont aussi les plus touchés par le sida, car les deux maladies sont étroitement liées.

- connaître: 알다, 알아차리다, 경험하다.
- augmentation: f. 증가
- étroitement: 긴밀하게

1. Ces derniers는 **후자는**으로 해석하면 되는데 이 후자는 **결핵에 걸린 아프리카 인**들을 의미한다.
2. 지시대명사 ce 또한 **아프리카 인**을 받고 있다.
3. les plus touchés 최상급
4. étroitement liées는 maladie에 가서 걸리는 형용사이므로 es가 붙었다.

후자는 20%의 증가를 경험하고 있다.(보이고 있다) 이들은 또한 에이즈에 제일 많이 감염이 되어있는데, 이 두 질병은 밀접하게 연결되어 있기 때문이다.

Selon des études effectuées dans plusieurs pays en développement, jusqu'à 70% des personnes qui ont la tuberculose sont infectées par le VIH.

- effectué: 실행된, 이행된

- en développement: en voie de développement의 의미로 개발상태로 pays en développement는 개발국 또는 개발도상국으로 해석이 가능.

1. 기본문장: 70% des personnes (qui ont la tuberculose) + sont infectées(수동태 현재) +par le VIH.(동작주) = <u>70%의 사람들은 에이즈에 감염되었다.</u>
- 70%의 사람들이 어떤 사람들이냐 하면 폐결핵에 걸린 사람들이다.

개발 도상국의 여러 나라에서 실행된 연구에 따르면 폐결핵에 걸린 70%의 사람들은 에이즈에 걸려있다.

"Dans ces pays, la tuberculose est la première manifestation du sida dans plus de la moitié des cas", souligne le Dr Peter Piot, directeur exécutif de l'Onusida.

- manifestation: f. 표시, 시위
- plus de + n. : …이상
- souligner: 강조하다.
- directeur exécutif: m. 실무 감독관
- l'Onusida: 에이즈 국제 연합 기구

1. dans plus de la moitié des cas = <u>환자의 절반 이상에서</u>
- dans은 상태, 사정, 양태를 뜻하고 있어 뚜렷하게 해석되지 않는다.
2. 기본문장: la tuberculose est la première manifestation du sida(주어 속사) = <u>폐결핵은 에이즈의 첫 증후이다</u>.
3. le Dr Peter Piot, directeur exécutif de l'Onusida. 피터 피오 박사와 에이즈 국제 연합 기구의 실무 감독관은 동격이다.

"이 국가들에서(개발 도상국) 폐결핵은 환자의 절반 이상에서 에이즈의 첫 번째 증후이다"라고 에이즈 국제 연합 기구의 실무 감독관인 피터 티오 박사는 강조한다.

Dans le monde, près de 13 millions de personnes sont infectées à la fois par le VIH et la tuberculose.

- à la fois: 동시에

지구상에는 거의 천 삼백만 명이 VIH와 동시에 폐결핵에 감염되어 있다.

Or, contrairement au sida, la tuberculose peut être guérie, même chez les personnes porteuses du VIH.

- contrairement à: …와는 반대로
- personne porteuse: f. 감염자
- même: adv. …까지도, 조차
- chez: …(사람)에 있어서

1. 기본문장: la tuberculose(주어) + peut être guérie(guérir동사 수동태) = <u>폐결핵은 완치 될 수 있다.</u>

그런데 에이즈와는 반대로 폐결핵은 완치 될 수 있고, VIH바이러스 보균자에게서조차 폐결핵은 완치 될 수 있다.

"D'où notre frustration face à la pénurie d'antituberculeux qui résulte souvent de contraintes financières", souligne le Dr Ian Smith, du département de l'OMS "Halte à la tuberculose".

- frustration: f. (희망을) 헛되게 하기
- pénurie: f. 극도의 가난, 부족, 극도의 결핍
- antituberculeux: m. 결핵 치료제
- résulter de: …의 결과로서 생기다, …에서 유래하다, …으로부터 생기다.
- contrainte: f. 강제, 구속, 억압, 부자유
- halte: f. 정지

1. D'où는 de + où로 여기로부터로 뒤에 오는 문장을 받고있다.
2. D'où notre frustration에는 동사가 없으나 보통 venir동사를 넣어서 문장을 보면 된다. 따라서 D'où vient notre frustration = <u>여기로부터 우리의 희망이 헛되게 됩니다.</u>
3. "Halte à la tuberculose" 이것은 세계 보건기구의 구호로 "결핵 정지"쯤 됨.

"우리들의 희망을 헛되게 하는 것은 자주 경제적인 궁핍에서 오는 결핵 치료제의 극심

한 결핍 앞에서 오고있습니다" 라고 "결핵 정지"라는 세계 보건기구 분야의 이안 스미스 박사는 강조한다.

Aussi l'OMS et ses partenaires (agences de l'ONU, Banque mondiale, ONG, etc.) ont lancé, mercredi à Washington, une campagne d'au moins 50 millions de dollars visant à améliorer l'accés aux antituberculeux de 10 millions de malades au cours des cinq prochaines années.

- lancer: 진수시키다, 전개하다.
- campagne: f. (선거 따위의)운동, 선전
- viser à + inf.: …하려고 노리다.
- au cours de: …동안에, …중에

1. 기본문장: l'OMS et ses partenaires(주어) + ont lancé(동사. 복합과거) + une campagne(목적어) = 세계 보건기구와 그의 협력자들은 하나의 운동을 전개했습니다.
2. 운동에 대한 설명: visant à améliorer l'accés aux antituberculeux = 결핵 치료제로의 접근을 개선하는 것을 목표로 하는

-여기서 visant은 현재분사로 qui vise로 바꿀 수 있다.

3. une campagne d'au moins 50 millions de dollars = 5천만 불의 운동

- une campagne de 50 millions de dollars로 문장을 본 다음 au moins(적어도)을 해석하는 것이 좋다. au moins 은 5천만 불에 대한 부가 수식 으로 보면 된다.

* million de + n. million 다음에 전치사 de가 옴

4. au cours des cinq prochaines années는 au cours de + les cinq années로 5년 동안인데 prochain이 있으므로 앞으로 5년 동안이 됨.

또한 세계 보건기구와 그의 협력자들은(세계 연합기구 사무소, 세계 은행, ONG, 등등) 수요일 워싱턴에서 적어도 5천만 불의 운동을 전개했습니다. *이것은 앞으로 5년 동안 환자 천만 명이 결핵 치료 제로의 접근을 개선하는 것을 목표로 하고 있습니다.

*는 qui vise로 문장을 풀었을 때 가능한 해석임. qui가 앞의 문장을 받는다고 보는 것임.

유럽과 광우병

약 15년 전에 영국에서 처음으로 발견되어 계속 번지고 있는 가축의 전염병에 대한 기사입니다. 광우병과 구제역에 대한 짧은 내용의 3월 16일자 기사입니다. 마찬가지로 내용을 보기 전에 우선 소리내어 여러 번 읽기 바랍니다.

Quinze ans après la détection des premiers cas d'encéphalopathie spongiforme bovine (ESB) en Grande-Bretagne, la maladie de la vache folle a pris une place grandissante dans les différents Etats européens. Des mesures drastiques ont été prises afin d'endiguer l' épidemie. Le 4 décembre 2000, les Etats européens ont decidé l'interdiction des farines animales et le dépistage systematique des bovins de plus de trente mois. La crise de la vache folle n'en reste pas moins un facteur de divergence entre les Quinze qui ne sont pas parvenus à un accord sur des mesures d'aides le 26 février. Dans ce contexte tendu, le bétail est frappé par une nouvelle épidemie, de fièvre aphteuse, en provenance de Grande-Bretagne qui nécessite des abattages preventifs. Des mesures similaires sont prises en Europe, en particulier en France où un premier foyer de fièvre a été identifié le 13 mars. Ces crises à répétition conduisent à remettre en cause le modèle "productiviste" de la politique agricole commune.

문장을 하나씩 풀어갑시다.

Quinze ans après la détection des premiers cas d'encéphalopathie spongiforme bovine (ESB) en Grande-Bretagne, la maladie de la vache folle a pris une place grandissante dans les différents Etats européens.

- détection: f. 검출, 발견
- encéphalopathie: f. 뇌질환
- grandissant(e): 커져가는, 증대하는

- prendre palce: 자리를 차지하다.
- encéphalopathie spongiforme bovine (ESB): 소의 뇌에 스폰지 형태로 구멍이 생기는 뇌질환으로 ESB로 부름.
- la maladie de la vache folle: 광우병(미친 소라는 병)

1. 기본문장: la maladie de la vache folle(주어) + a pris(prendre동사 과거) + une place (목적어) = <u>광우병은 자리를 차지했다.</u>
2. 어떤 자리: une place grandissante = 점점 늘어나는 자리
3. 어디에: dans les différents Etats européens = 유럽의 다양한 국가 안에

영국에서 소의 뇌에 스펀지 형태로 구멍이 생기는 뇌 질환의 첫 번째 상황의 발견 15년이 지난 후, 광우병은 유럽의 다양한 국가에서 점점 더 자리를 차지하고 있다.

Des mesures drastiques ont été prises afin d'endiguer l' épidemie.

- drastique: 심하게 설사를 일으키는, 가차없는
- endiguer: 가로막다, 저지하다.
- afin de + inf. : …을 하기 위하여

1. ont été prises는 prendre동사의 수동태 과거로 현재에는 완료된 상태를 말하고 있다.

가차없는 조치가 전염병을 저지하기 위하여 취해졌다.

Le 4 décembre 2000, les Etats européens ont decidé l'interdiction des farines animales et le dépistage systematique des bovins de plus de trente mois.

- farine animal: 동물 사료
- dépistage: m. (집단) 검진, 조기 발견 대책
- bovin: m. 소류
- de plus de: …이상의

1. 기본문장: les Etats européens(주어) + ont decidé(décider동사 과거) + l'interdiction(목적어) + et le dépistage(et로 연결되어 décider 동사에 걸리는 목적어) = <u>유럽 국가들은 금하는 것과 집단 검진을 결정했다.</u>

2000년 12월 4일 유럽 국가들(유럽연합)은 동물 사료의 금지와 30개월 이상 된 소류의 조직적인 검진을 결정했다.(소의 검진에 대해서는 3월 27일자로 보류된 상태임)

La crise de la vache folle n'en reste pas moins un facteur de divergence entre les Quinze qui ne sont pas parvenus à un accord sur des mesures d'aides le 26 février.

- n'en reste pas moins: 이 표현은 **rester** 동사의 성격을 잘 아는 것이 중요하다.
- rester: 있다, 여전히…하다.
- en은 항상 de + cela로 cela는 명사를 대신하는 것이다. en은 문장 전체를 le로 받아서 de + le = en이 되는 경우도 많다. il n'en reste pas moins을 풀면 il ne reste pas moins de cela가 된다. 이것을 해석하면 비인칭 구문으로 **그것이 덜 그런 것은 아니다**로 ne pas와 moins은 마이너스의 성격을 가지고 있으므로 ne pas + moins은 이중부정이 되어 결국은 긍정의 관계가 된다. 따라서 이것은 il en reste가 되어 **그것은 여전히 그러하다**의 의미가 된다.
- divergence: f. 불일치, 대립
- parvenir à: …에 이르다, 다다르다, 성공하다.

1. 기본문장: La crise de la vache folle(주어) + n'en reste pas moins(동사) + un facteur (목적어) = 광우병의 위기는 여전히 한 요소이다.
2. 어떤 요소: un facteur de divergence (불일치의 한 요소)
3. 어디에서: entre les Quinze (15개국 사이에서)
4. qui는 les Quinze를 설명해주고 있는 관계대명사로 다시 풀면 les Quinze(주어) + ne sont pas parvenus à(parvenir 동사의 과거로 부정문) + un accord(목적어) = 15개국은 하나의 일치에 이르지 못했다.
5. sur(에 관해서) des mesures(조치) d'aides(지원) le 26 février = 2월 26일 지원에 대한 조치에 관해서

광우병 위기는 2월 26일자 지원에 대한 조치에 관해 하나의 합의에 도달하지 못한 15개국 사이에서 여전히 하나의 대립의 요소로 남아있다.

Dans ce contexte tendu, le bétail est frappé par une nouvelle épidemie, de fièvre aphteuse, en provenance de Grande-Bretagne qui nécessite des abattages preventifs.

- contexte: m. 문맥, 전후 관계
- tendu(e): 긴장된
- bétail: m. 가축
- frapper: 덮치다. 엄습하다.
- être frappé: 병에 걸리다
- en provenance de qc: …에서 오는
- abattage: m. 도살
- preventif(ve): 예방하는, 방지하는

1. 기본문장: le bétail(주어) + est frappé(frapper동사 수동태) + par une nouvelle épidemie(동작주 보어), de fièvre aphteuse(전염병과 동격) = 가축은 구제역이라는 새로운 전염병에 걸렸다.
- 이 문장을 **능동태**로 고치면 une nouvelle épidemie, de fièvre aphteuse frappe le bétail가 된다. 해석을 하면 구제역이라는 새로운 전염병이 가축을 덮쳤다가 된다.
2. qui는 Grande-Bretagne를 받고 있다.

이와 같은 긴장된 전후 관계에서 가축은 예방(차원)의 도살이 필요한 영국으로부터(에서 온) 구제역이라는 새로운 전염병에 걸렸다.

Des mesures similaires sont prises en Europe, en particulier en France où un premier foyer de fièvre a été identifié le 13 mars.

- similaire: 유사한, 비슷한
- en particulier: 특히
- identifier: 확인하다, 감정하다.
- premier foyer: m. 발원지, 발생지

1. 기본문장: Des mesures(주어) + sont prises(prendre동사의 수동태 현재. 주어가 여성형 복수이므로 es가 과거분사에 붙어 prises가 됨) = 조치가 취해졌다.
2. 기본문장: un premier foyer de fièvre(주어) + a été identifié(identifier동사 수동태 과거) = 열병의 첫 발생지가 확인되었다.
3. 언제: le 13 mars(3월 13일) ***날짜 앞에는 항상 정관사를 붙인다.**
4. 어디서: en particulier en France(특히 프랑스에서)

유사한 조치가 유럽에서 취해졌다. 특히 프랑스에서는 3월 13일 열병의 첫 발생지가 확인되었다.

Ces crises à répétition conduisent à remettre en cause le modèle "productiviste" de la politique agricole commune.

- à répétition: 빈번하게 되풀이되는
- conduire à + inf.: …하기에 이르게 하다.
- remettre en cause: 재검토하다, 다시 문제삼다.
- productiviste: 생산 제일 주의의, 생산성 본위의

1. 기본문장: Ces crises(주어) + conduisent à remettre en cause(동사) + le modèle "productiviste"(목적어) = 이 위기들은 생산 제일주의의 모델을 재검토하기에 이르게 한다.

반복되는 이 위기들은 공동 농업 정책의 생산 제일주의 모델을 다시 문제삼기에 이르렀다.

아프리카와 에이즈

파리마치 2001. 3. 15자에 실린 에이즈에 관한 내용입니다. 아프리카를 휩쓸고 있는 에이즈가 왜 특히 아프리카에서 창궐하는가 하는 것에 대한 것입니다. 프랑스어로 sida라고 부르는 이 전염병에 대해 공부하기 전에 소리내어 여러 번 읽기 바랍니다.

Déjà 17 millions de victimes. Et on en redoute bien plus car le continent noir n'a pas les moyens de lutter. Le nerf de la guerre, c'est le prix des médicaments entre les mains de groupes tout-puissants

L'Afrique agonise. Sur les 22 millions de victimes emportées par le sida depuis son apparition dans les années 70, 17 millions sont du continent noir. Le fléau a tué l'an dernier plus de 5 millions de personnes ; 3,8 millions ont été recensées dans les états subsahariens. Avec l'ignorance et les faibles moyens de prévention, les coûts des thérapies, exorbitants pour des populations vivant sous le seuil de la pauvreté, sont les grands responsables de la propagation mortelle de l'épidémie. Les gouvernements des pays touchés sont de plus en plus tentés de recourir aux médicaments génériques, des copies des originaux qui valent jusqu'à 80 % moins cher que ceux fabriqués par les multinationales.

문장을 하나씩 보면서 아프리카의 참상을 보기로 합시다.

Déjà 17 millions de victimes. Et on en redoute bien plus car le continent noir n'a pas les moyens de lutter. Le nerf de la guerre, c'est le prix des médicaments entre les mains de groupes tout-puissants.

- million: m. 백만
- victime: f. 희생, 희생자
- redouter : 두려워하다, 무서워하다.

- lutter: 싸우다, 투쟁하다.
- le nerf de la guerre: 군자금
- tout-puissant: 막강한
- entre les mains de: …의 수중에

1. Déjà 17 millions de victimes = <u>천 칠백 만 명의 희생자들</u>
-이 문장은 문두에 il y a가 생략됐다고 보는 것이 좋다. 그러나 여기서는 기사의 제목 구실을 하는 문장이므로 "천 칠백 만 명의 희생자들"로 해석하는 것이 좋다.
2. on en redoute bien plus = <u>사람들은 그것에 관해 훨씬 더 두려워하고 있다.</u>
- en은 대명사로 **그것에 관하여**로 해석하면 된다.
3. c'est의 ce는 le nerf de la guerre를 가리키고 있다.

천 칠백 만 명의 희생자들. 그런데 사람들은 그것에(희생자 수) 관해 훨씬 더 두려워하고 있다. 검은 대륙은 싸울 방법이 없기 때문이다. 군자금, 그것은 막강한 그룹의 수중(에 있는) 의약품 값이다. (해설: 비싼 약값의 군자금이 문제다)

L'Afrique agonise. Sur les 22 millions de victimes emportées par le sida depuis son apparition dans les années 70, 17 millions sont du continent noir.

- agoniser: 죽어가다, 빈사상태에 있다.
- emporter: (병 따위가) …의 목숨을 빼앗다.
- être emporté par: …에 목숨을 앗기다.
- dans les années 70: 70년 대
- être de: …의 것이다.

1. 기본문장: 17 millions(주어로 de victimes이 생략된 것임) + sont du(동사) + continent noir = <u>천 칠백 만 명은 검은 대륙의 것이다.</u>
2. Sur les 22 millions에서 **sur**는 **…중에서**의 의미다.

70년 대 그의(에이즈) 출현 이후 에이즈에 의해 목숨을 빼앗긴 2천 2백만 명중 천 칠백 만 명은 검은 대륙에서다.

Le fléau a tué l'an dernier plus de 5 millions de personnes ; 3,8 millions ont été recensées dans les états subsahariens.

- fléau: m. 재앙
- tuer: 죽이다.
- plus de: …이상의 ~de + 수량 표현으로 de 다음에 수 형용사가 바로 나온다.
- recenser: 조사하다, 집계하다.
- subsaharien: 사하라 사막 아래 지역의, 사하라 사막 주변

1. 3,8 millions 다음에 personnes가 생략이 되어 있다.
2. ont été recensées는 수동태 과거로 조사되었다, 또는 집계되었다로 해석하면 된다..

재앙은 작년에 5백만 명 이상을 죽였다. 3백 80명이 사하라 사막 주변 지역의 국가에서 집계되었다.

Avec l'ignorance et les faibles moyens de prévention, les coûts des thérapies, exorbitants pour des populations vivant sous le seuil de la pauvreté, sont les grands responsables de la propagation mortelle de l'épidémie.

- ignorance: f. 무식, 무지
- prévention: f. 예방, 방지책
- coût: m. 비용, 경비
- thérapie: f. 치료, 요법
- exorbitant(e): 터무니 없는 과도한
- seuil: m. 한계, 극한치
- être responsable de: …이 원인이다.
- propagation: f. 확산

1. Avec l'ignorance et les faibles moyens de prévention에서 **avec**는 ignorance와 moyen 양쪽에 걸리고 있다.
2. 기본문장: les coûts des thérapies(주어) + sont(동사) + les grands responsables(주어 속사) = 치료비용은 큰 원인이다.
3. des populations vivant sous le seuil de la pauvreté = 가난의 극치아래 살고 있는 인구들

– vivant은 현재분사로 동사의 성격을 가지고 있다. vivant이 형용사라면 populations에 맞춰 vivantes가 되야 하기 때문이다. 따라서 이 문장은 des populations qui vivent sous …로 이해하면 된다.

무지와 예방에 대한 취약한 방법과 함께 가난의 극치 아래 살고 있는 사람들에게 터무니없는 치료비용은 전염병의 치명적인 확산의 원인이다.

Les gouvernements des pays touchés sont de plus en plus tentés de recourir aux médicaments génériques, des copies des originaux qui valent jusqu'à 80 % moins cher que ceux fabriqués par les multinationales.

- toucher: 관계가 있다.
- de plus en plus: 점점 더
- être tenter de + inf.: …인 듯하다.
- recourir à: …에게 도움을 청하다, …의 힘을 빌다, …을 사용하다.
- médicament générique: (특허권이 없이 널리 쓰이는) 일반 의약품
- fabriquer: 만들다, 제조하다.
- multinationale: f. 다국적 기업

1. 기본문장: Les gouvernements des pays touchés(주어) + sont tentés de + inf.(동사) = <u>관계가 있는 나라들의 정부는 …de 이하인 듯하다.</u>
2. tentés de recourir aux médicaments génériques의 문장은 tenter de + inf.와 recourir à의 문장이 연결된 것으로 보면 된다. …을 시도하다(…인 듯하다) 와 …에게 도움을 청하다(…을 사용하다) = <u>…을 사용하는 듯하다.</u>
3. des copies des originaux qui valent jusqu'à 80 % moins cher que ceux fabriqués par les multinationales은 les médicaments génériques와 동격을 이루고 있어 **일반 의약품이 무엇인가** 하는 것을 설명해주는 문장이다.
4. qui 이하의 문장은 moins que와 ceux fabriqués par의 결합으로 만들어진 문장이다. ceux fabriqés par는 les médicaments sont fabriqués par les multinatinationales라는 수동태의 문장에서 생략이 가능한 être를 제외한 문장이다.
5. des copies des originaux = <u>오리지널 약품의 모조품들</u>
6. 모조품은: qui valent jusqu'à 80 % moins cher que ceux fabriqués par les multinationales = <u>다국적 기업에 의해 만들어진 약품 보다 80%까지 값이 싸게 나가는</u>

– 여기서는 moins cher…que와 fabriqués par 두 가지 요소만 이해하면 해석이 쉽게 된다.

- **ceux**는 des originaux를 받고 있는데 des originaux는 **des médicaments originaux**를 말하고 있다.

관련된 국가들의 정부는 점점 더 다국적 기업에서 만든 의약품보다 80%까지 저렴한 오리지널의 모조품인 일반 의약품을 사용하는 듯하다.

여성과 스포츠

남성의 전용물로 여겨지던 스포츠에 점점 여성인구가 증가 추세에 있는 것을 2001년 2월 8일 'Elle'지가 기사화 한 내용입니다.
다른 기사와 마찬가지로 프랑스어 텍스트를 소리내어 여러 번 읽고 내용을 파악하기 바랍니다. 이것은 이 내용을 전체적으로 이해하는데 도움을 줄 것입니다.

Depuis une trentaine d'années, les femmes intègrent plus en plus le milieu sportif, que ce soit pour leurs loisirs ou en sport de haut niveau. De nos jours, 64 % d' entre elles pratiquent contre 71 % côté masculin. Si les licences féminines ont connu une progression de 228 % depuis le debut des années 70 dans de nombreuses disciplines, le taux de pratique féminine est encore loin derrière celui des hommes.
Au debut des années 70, les femmes accèdent de plus en plus à des sports dits masculins.
La boxe française féminine s' organise en 1970 et les fédérations françaises de rugby et de football s' ouvrent aux femmes en 1971.
Aujourd' hui 15 millions de françaises pratiquent régulièrement un sport. Mais il reste très difficile pour une sportive professionnelle de prendre, par exemple, une "pause maternité" , vue d'un mauvais œil par les sponsors et les fédérations…
Désormais, les fédérations doivent compter avec les athlètes féminines. Leurs victoires le prouvent et encouragent leur engagement dans le sport. Quelques chiffres : la Fédération française de tennis compte 33,9 % de femmes, celle de basket 36,8 %, 32 % pour le ski et 23 % pour le judo.

스포츠에서 두각을 나타내기 시작하는 여성들에 관한 문장을 하나씩 보기로 합시다.

Depuis une trentaine d' années, les femmes intègrent plus en plus le milieu sportif, que ce soit pour leurs loisirs ou en sport de haut niveau.

- une trentaine: (약) 30
- intégrer: 완전하게 하다. 구성한다. 형성한다.
- le milieu sportif: 스포츠계
- que ce soit~ ou~ 는 soit que + sub…ou (soit) que + sub.의 변형으로 ~하건 ~하건의 뜻.
- en sport: en은 (방법. 수단)…으로써

1. 기본문장: les femmes + intègrent + le milieu sportif = 여자들은 스포츠계를 형성한다.
2. plus en plus는 **더** 라는 의미로 여성이 스포츠에 참여하는 것이 스포츠를 더 완벽하게 한다라고 의미를 파악하면 된다.
3. que(관계대명사)+ ce(위의 문장을 받고있는 지시사) + soit pour leurs loisirs ou en sport de haut niveau = 그들의 여가로 건 높은 수준의 운동으로써 건

- soit que + sub.의 문법으로 해석은 **…이건 …이건**으로 한다.
- leurs loisirs에서 leurs는 주어가 3인칭 복수이며 loisirs 가 복수 형태이므로 소유 형용사 leurs가 오고 있다.
- en sport de haut niveau의 de는 속사로 쓰였음. 이것은 le sport est haut niveau로 바꿔서 볼 수 있음.

약 30년 전부터 여성들은 그들의 여가로건 높은 수준의 운동으로건 더 스포츠계를 완전하게 하고 있다.

De nos jours, 64 % d'entre elles pratiquent contre 71 % côté masculin.

- de nos jours: 오늘날
- contre: ~에 대하여
- côté: 쪽. 편

오늘 날, 71%의 남성 쪽에 비하여 여성 중 64%가 운동을 하고 있다.

Si les licences féminines ont connu une progression de 228 % depuis le debut des années 70 dans de nombreuses disciplines, le taux de pratique féminine est encore loin derrière celui des hommes

- licence: 허용. 허가. 자격증
- discipline: 훈련. (스포츠) 팀. 종목.
- connaître: 경험하다. 맛보다.
- progression: 발전. 발달. 증가.

1. 기본문장: le taux de pratique féminine + est +loin derrière celui des hommes = 운동하는 여성의 수는 남성의 수에 미치지 못하고 있다.
- celui는 le taux를 받고 있다.
2. si + **직설법 현재**로 이어지는 조건은 대립. 양보를 나타내고 있어 해석은 **(비록)…이지만, …이라 할지라도**의 의미.

다양한 종목에서 여성의 자격증이 70년대 초에 비해 228%의 증가를 맛보았다 할지라도, 운동하는 여성의 수는 남성의 수에 여전히 미치지 못하고 있다.

Au debut des années 70, les femmes accèdent de plus en plus à des sports dits masculins.

- accéder à: ~에 접근하다, 이르다, 도달하다.
- dit: ~이라고 불리는. 소위

70년대 초 여성은 점점 더 소위 남성전용 운동에 접근한다.

La boxe française féminine s' organise en 1970 et les fédérations françaises de rugby et de football s' ouvrent aux femmes en 1971.

- s'organiser: 조직되다. 설립되다.
- s'ouvrir à: 에게 문이 열리다.

프랑스 여성 복싱은 1970년에 설립되고 프랑스 럭비와 축구 협회는 1971년에 여성에게 문이 열린다.

Aujourd' hui 15 millions de françaises pratiquent régulièrement un sport.

1. 기본문장: françaises + pratiquent + un sport. = 프랑스 여자들은 운동을 한다.
- 여기서 주의 할 점은 주어가 수 형용사로 시작하면서 관사가 생략이 된 문장으로 françaises가 여성형 복수라는 것이다.

오늘 날 1500만 프랑스 여성들은 규칙적으로 한 가지 운동을 하고 있다.

Mais il reste très difficile pour une sportive professionnelle de prendre, par exemple, une "pause maternité", vue d'un mauvais œil par les sponsors et les fédérations…

- prendre une pause maternité: 출산휴가를 갖다.
- un mauvais oeil: 나쁜 시선
- difficile de +inf: ~하기가 어렵다.

1. 기본문장: il reste très difficile de prendre une "pause maternité" = 출산휴가를 갖기가 무척 어렵다.
- 이 문장은 비인칭 구문으로 il reste très difficile은 il est très difficile과 같은 뜻으로 해석 할 수 있다. **rester동사의 성격에는 être와 같은 것**이 있기 때문이다.
2. vue d'un mauvais œil par les sponsorset les fédérations… = 여러 스폰서나 여러 협회에서 나쁜 시선으로 보여지는
- vue는 une sportive에 가서 걸리고 있어서 여성 형용사를 만드는 "e"가 붙어있다. 이 문장을 다시 보면 **une sportive est vue d'un mauvais oeil par…**가 된다. 문장이 par에 의해 동작주 보어를 넣어서 볼 수 있으므로 수동태라고 하겠다. 이 문장을 능동태로 고쳐보면 les sponsors et les fédérations voivent d'un mauvais oeil une sportive prendre une pause maternité…가 된다. 문장을 이렇게 놓고 보면 주어도 길고 문장의 중점이 잘 나타나지 않게 된다. 그러나 생략적인 구조의 문장을 사용하면 주어인 une sportive가 빨리 파악 될 수 있다.

그러나, 예를 들어, 여러 스폰서나 여러 협회에서 나쁜 시선으로 보고있는 여성프로 운동선수들이 출산휴가를 갖는 것은 매우 어렵다.

Désormais, les fédérations doivent compter avec les athlètes féminines.

- athlète: n. 육상선수, 스포츠맨
- compter: 고려하다. 평가하다.

1. 기본문장: les fédérations + doivent compter = 여러 협회는 평가해야한다.

이제부터 여러 협회는 여성 육상선수들을 함께 평가해야 한다.

Leurs victoires le prouvent et encouragent leur engagement dans le sport.

- prouver: 증명한다
- encourqger: 격려하다, 용기를 북돋우다

1. 기본문장: leurs victoires(주어) + prouvent et encouragent(동사) + leur engagement (목적어) = 그들의 승리는 그들의 참여를 증명하고 격려한다.

– 중성대명사 le는 위 문장 여성 육상선수를 평가해야한다는 문장 전체를 받고 있다.

그녀들의 승리는 그것을 증명하고 그녀들이 운동에 참여한 것에 용기를 북돋아주고 있다.

Quelques chiffres : la Fédération française de tennis compte 33,9 % de femmes, celle de basket 36,8 %, 32 % pour le ski et 23 % pour le judo.

- compter: 예상하다

1. quelques chiffres = 몇몇 숫자는 다음과 같다

– 이것은 앞에 전치사 voici**와 같은 것이 생략 된 문장**으로 볼 수 있다.

몇몇 숫자는 다음과 같다. 프랑스 테니스 협회는 33.9%의 여성을, 농구에서는 36.8%를, 스키에서는 32%를, 유도에서는 23%의 여성선수들을 예상하고 있다.

여성 노동시간 단축

여성 노동시간 단축이 과연 여성자신을 위해서 활용 할 수 있는 시간이 될 것인가에 관한 글입니다. Elle지에서 발췌한 것입니다. 이 기사는 노동시간과 여성의 입지를 다시 생각하게 하고 있습니다. 역시 소리내어 여러 번 읽는 것으로 시작하기 바랍니다.

C'est fait. Les 35 heures entrent dans l'entreprise ce 1er février. Les salariés devraient bénéficier de plus de temps libre. Mais pour quoi faire? D'autant que les femmes en profiteraient moins que les hommes···
Les premières études montrent que les femmes ne pensent pas trop à elles. La majorité consacrent ce temps libre aux autres. Pour les mères de famille, les enfants sont prioritaires. Les loisirs passent au second plan.

Certains sociologues en viennent à penser que pour vraiment rééquilibrer le partage des tâches, il faudrait réduire le temps de travail···uniquement pour les hommes ! Ainsi, ils seraient plus presents à la maison et on pourrait leur déléguer quelques tâches···
Aujourd'hui encore, nous consacrons trois fois plus de temps qu'eux aux activités ménagères.
La vigilance est donc recommandée car si on opte toutes pour le mercredi, nous risquons de retourner aux fourneaux, avec les enfants sur les bras.

여성 노동시간 단축에 대해 자세히 보기로 합시다.

C'est fait. Les 35 heures entrent dans l'entreprise ce 1er février. Les salariés devraient bénéficier de plus de temps libre. Mais pour quoi faire? D'autant que les femmes en profiteraient moins que les hommes···

- l'entreprise: 기업, 회사

- les salariés: 봉급자
- bénéficier de: …의 혜택을 입다. …을 얻다.
- profiter de: …을 이용하다.
- moins que: 비교급으로 …보다 덜…하다.
- d'autant que + ind: …이므로, …이니까.

1. C'est fait는 그 다음에 나오는 문장을 미리 받고 있다. 따라서 …라는 것 이것이 만들어졌다라는 식으로 문장을 이해해야 한다. 비슷하게는 Ça y est!(됐다!)를 쓸 수 있다.
2. les 35 heures는 프랑스 노동시간이 주 40시간에서 35시간으로 줄어든 것을 말하고 있다. 프랑스는 48시간의 노동시간을 80년대 말에서 90년도 초에 40시간으로 줄였고 10년 만에 35시간으로 줄인 것이다.
3. les salariés deveraient의 동사는 **조건법 현재로 추측**을 나타냄.
4. quoi는 여기서 직.목으로 '무엇을' 말함. 해석을 하면 그러나 무엇을 하기 위해서?
5. profitraient는 조건법 현재로 추측을 나타내고 있다. en profitraient에서 en은 le temps libre를 받고 있다. 이 문장을 풀어보면 les femmes profitraient moins de temps libre que les hommes가 된다. 바로 앞 문장에서 temps libre가 나왔기 때문에 반복을 피하기 위해 de + le temps libre를 en으로 받고 있다.

이것이 만들어졌습니다.(됐습니다) 이번 2월 1일에 35시간이 기업에 들어옵니다. 샐러리맨들은 더 자유로운 시간을 얻을 것입니다. 그러나 무엇을 하기 위해서 일까? 여자들은 남자들 보다 덜 그것을(자유로운 시간을) 이용 할 것인데…

Les premières études montrent que les femmes ne pensent pas trop à elles.

1. 기본문장: les premières études(주어) + montrent(동사) + que = 최초의 연구 또는 중요한 연구는 que이하를 보여주고 (나타내고)있습니다.
2. que 이하: les femmes(종속절 주어) + ne pensent(동사) pas + trop(강조) + à elles = 여자들은 너무나 그녀(자신을)들을 생각하고 있지 않습니다.

- penser à + qn. penser 다음에 목적어가 나오면 항상 전치사 à가 오는 것 다 알지요?

중요한 연구는 여자들이 본인을 너무 생각하지 않는다라고 보여주고 있다.

La majorité consacrent ce temps libre aux autres.

- la majorité: 대다수, 다수
- consacrer qch à qn: …에 바치다, 내어주다

1. 기본문장: La majorité(주어) + consacrent(동사) + ce temps(목적어) = 대다수는 이 시간을 내주고 있다.

대다수는 이 자유로운 시간을 다른 사람에게 바치고 있다.

Pour les mères de famille, les enfants sont prioritaires.

- prioritaire: 우선권을 가진 사람
- les loisirs: (흔히 복수로 쓰임) 여가, 한가로운 시간

1. pour les mères de famille에서 **pour**는 **자격**을 말하고 있다.

가정주부들에게 있어서 아이들은 우선권을 가지고 있다.

Les loisirs passent au second plan.

- passer à: …로 가다, 넘어가다.
- le second plan: 부차적인 계획
- penser à qn: …를 생각하다

여가는 부차적인 계획으로 넘어간다.

Certains sociologues en viennent à penser que pour vraiment rééquilibrer le partage des tâches, il faudrait réduire le temps de travail…uniquement pour les hommes !

- en venir à + inf: …하기에 이르다.
- rééquilibrer: 균형을 회복시키다
- les taches(f): 일, 임무, 의무
- réduire: 줄이다. 축소하다. 감소하다.
- uniquement: 오로지, 무엇보다도

1. certain은 여기서 몇몇의 뜻으로 볼 수 있다. 몇몇 사회학자들은 que이하를 생각하기에 이르렀다.
2. 기본문장: il(비인칭) + faudrait(조건법 현재) + réduire +le temps de travail(목적어) = 노동시간을 축소해야 할 것이다.

– 조건법 현재를 사용하여 가정을 의미하고 있다.

몇몇 사회학자들은 진정으로 일을 분담의 균형을 회복하기 위해서는 무엇보다도 남자들에게서 노동시간을 감소해야한다고 생각하기에 이르렀다.

Ainsi, ils seraient plus presents à la maison et on pourrait leur déléguer quelques tâches…

- être présent à: 입회하다. 참석하다.
- déléguer: 위임하다.

1. seraient와 pourraient는 être와 pouvoir의 조건법 현재로 추측을 나타내다.

그렇게 하면 남자들은 집에 더 있을 것이고 그러면 몇 가지의 일을 남자들에게 의임할 수 있을 것이다.

Aujourd'hui encore, nous consacrons trois fois plus de temps qu'eux aux activités ménagères.

- les activités ménagères: 가사노동
- trois fois plus de: …3배 이상
- consacrer à: 바치고 있다, 헌신하다

1. aujourd'hui encore는 옛날과 변함없이 오늘날도 여전히

2. **trois fois plus와 plus que의 용법이 합쳐져 있는 문장**에 유의 할 것.
3. 기본문장: nous(주어) + consacrons(동사) + aux activités ménagères(목적어) = 우리는 가사노동에 헌신하고 있다.

오늘날에도 우리는(여성들은) 남자들보다(의) 3배의 많은 시간을 가사노동에 바치고 있다.

La vigilance est donc recommandée car si on opte toutes pour le mercredi, nous risquons de retourner aux fourneaux, avec les enfants sur les bras.

- vigilance: 주의, 경계
- recommander: 권하다. 단단히 부탁하다.
- opter pour: …으로 결정하다, …을 택하다.
- risquer de + inf: …할 위험성이 있다. …할지도 모른다.
- retourner à: …에(으로)돌아가다. 다시 가다. (이전의 상태로)되돌아가다.
- fourneau(m): (요리용) 풍로
- avoir qn sur les bras: …이 귀찮아 못 견딜 지경이다.

1. 여기서 donc는 문장의 중간에 있으면서 이야기를 연결시켜주고 있으므로 **그런데**의 의미이다.
2. si는 가정의 si임.
3. toutes는 모든 여성을 말함.
4. le mercredi는 수요일을 뜻하지만 여기서는 어느 일정한 날의 의미이다.
5. les fourneaux는 풍로를 뜻하지만 문맥으로 보면 가사노동을 의미한다.

그런데 주의가 요구되고 있다. 왜냐하면 만약 모든 여성들이 수요일을 택하면(같은 날을 선택하면), 귀찮은 아이들과 함께 가사노동 상태로 되돌아갈지도 모르기 때문이다. (여성에게 자유시간은 없을 수도 있다)

일본의 경제

5월 2일자 AFP 통신의 기사로 일본 경제에 대한 경고의 글이자 일본의 경제적인 위치에 대해 논평한 시사입니다. 일본을 추격하는 한국을 비롯한 중국 등이 일본의 극동 아시아에서의 경제적 역할의 위축을 예고하고 있습니다. 원래는 긴 기사입니다 마는 짧게 잘랐습니다. 그렇지만 흥미있는 기사입니다. 시작하기 전에 소리내어 읽기 바랍니다.

Le Japon n'est plus le moteur de la croissance en Asie de l'Est, selon un document

TOKYO, 2 mai (AFP) - Le Japon n'est plus le moteur de la croissance en Asie de l'Est et son statut de grande puissance est menacé par la Chine, affirme une étude annuelle du ministère de l'Economie, du Commerce et de l'Industrie (METI) dans des extraits publiés mercredi par le quotidien Yomiuri Shimbun.
"L'ére durant laquelle le Japon jouait le rôle de moteur pour les économies de l'Asie de l'Est est terminée", indique le Yomiuri en citant le Livre Blanc 2001 du METI devant paraître le 18 mai mais dont il s'est procuré à l'avance une copie.

Le Livre Blanc se concentre sur les économies d'Asie de l'Est et porte une attention particulière à la Chine. Le rapport explique, selon le Yomiuri, que "les pays d'Asie de l'Est sont entrés dans une période d'intense compétition et considère que la forte croissance de l'économie chinoise représente une menace nouvelle pour le Japon".

Il critique les retards du Japon dans la restructuration et la déréglementation de son économie, encore très fermée aux investissements étrangers et propose, selon le Yomiuri, "une stratégie pour utiliser la puissance montante de l'Asie de l'Est afin de ressusciter l'economie nippone".

일본의 경제적 불황을 예고하고 있는 내용입니다. 자, 문장을 하나씩 봅시다.

Le Japon n'est plus le moteur de la croissance en Asie de l'Est et son statut de grande puissance est menacé par la Chine, affirme une étude annuelle du ministère de l'Economie, du Commerce et de l'Industrie (METI) dans des extraits publiés mercredi par le quotidien Yomiuri Shimbun.

- le moteur de la croissance: 성장의 동력
- statut: m. 위치
- étude annuelle: 1년간 지속된 연구서, 1년 1회 연구서(연보)
- extrait: m. 발췌, 일부분
- ministère de l'Economie, du Commerce et de l'Industrie (METI): 경제부, 상공부. 두 부서를 합쳐 약자로 METI로 쓰고 있다.
- en Asie de l'Est: 동아시아에서
- le quotidien Yomiuri Shimbun: 요미요리 신문 (일간지)

1. 기본문장: affirme(동사) + une étude annuelle du ministère de l'Economie, du Commerce et de l'Industrie (METI)(주어군) + (que)le Japon… et son statut est menacé par la Chine(종속절) = METI연보는 일본….와 그의 위상이 중국에 의해 위협받고 있다고 단정했다.

- 동사 affirmer가 주어 보다 선행한 이유는 주어가 군을 이루고 있어 동사보다 길기 때문이다. 그러나 이와 같이 평이한 문장은 요점을 흐리는 수가 많기에 시사적인 문장은 요점을 문장의 앞에 놓는다. 따라서 주제가 되는 le Japon이 앞에 오고 있다.

2. 핵심문장: Le Japon(주어) + n'est plus(ne…plus의 부정 동사) + le moteur de la croissance (주어속사) + en Asie de l'Est(장소를 나타내는 부사구) = 일본은 동아시아에서 더 이상 성장의 동력은 아니다.

   et son statut de grande puissance(주어군) + est menacé(menacer 동사 수동태 현재) + par la Chine.(동작주 보어) = 강력한 힘의 그의 위치는 중국에 의해 위협을 받고 있다.

- 이 수동태를 능동태로 바꾸면 La Chine menace son statue de grande puissance가 된다. 해석하면 중국은 그의 막강한 위세를 위협하고 있다.
- et로 연결되는 위의 두 문장은 각각 주어 동사를 갖춘 완성된 문장이므로 문장을 파악하는데는 어려움이 없을 것이다.

3. dans des extraits publiés mercredi par le quotidien Yomiuri Shimbun = 요미우리신문 일간지에 의해 수요일 발행 된 발췌된 글에서

- 이 문장은 par로 이끌리는 동작주 보어가 있으므로 해서 **publiés가 형용사이면서 동사 구실**을 한다는 것을 알려준다.

일본은 더 이상 동아시아에서 성장의 동력은 아니며 그의 막강한 위세는 중국에 의해 위협받고 있다고 요미우리 일간지에 의해 수요일에 발행된 발췌된 글에서 경제부와 상공부의 연보가 단정하고 있다.

"L'ére durant laquelle le Japon jouait le rôle de moteur pour les économies de l'Asie de l'Est est terminée", indique le Yomiuri en citant le Livre Blanc 2001 du METI devant paraître le 18 mai mais dont il s'est procuré à l'avance une copie.

- l'ére: f. 시대, 시기
- indiquer: 지적하다, 발표하다.
- le livre blanc: (정부 발행의 외교 자료집으로 표지가 하얗기 때문) 백서
- devant: 앞서, …하기 전에
- se procurer: 얻다, 손에 넣다.
- à l'avance: 먼저, 미리, 사전에
- copie: f. 사본

1. L'ére durant laquelle = <u>시기 동안</u>
- 여기서 laquelle은 **l'ére**를 가리키고 있다.
2. 기본문장: L'ére est terminée = <u>시기는 끝났다.</u>
- 끝난 시기에 대한 설명으로 과거에 일본이 어땠었나 하는 것을 담은 다음과 같은 글이 나온다.
  le Japon(주어) + jouait(jouer동사 반과거) + le rôle de moteur(목적어) (pour les économies de l'Asie de l'Est) = <u>일본은 (동아시아의 경제를 위해) 동력(삼장)의 역할을 했었다.</u>
3. indique le Yomiuri en citant le Livre Blanc 2001 du METI devant paraître le 18 mai mais dont il s'est procuré à l'avance une copie = <u>요미우리는 그가 손에 넣은 백서(white book)를 인용하면서 지적했다.</u>
- 이 문장을 우리에게 친숙한 것으로 바꾸면 le Yimiuri indique en citant le livre Blanc qu'il s'est procuré…가 된다.
- 동시성을 의미하는 제롱디프가 있다는 것을 유의하기 바람.
4. le Livre Blanc 2001 du METI devant paraître le 18 mai = <u>5월 18일에 선보이기에 앞서 METI의 2001년 White book</u>

"일본이 동아시아에서 경제를 위해 심장 역할을 했던 시기는 끝났다"라고 5월 18일 선보이기에 앞서 사전에 사본을 손에 넣은 요미우리는 METI의 2001년도 white book(백서)을 인용하면서 지적했다.

Le Livre Blanc se concentre sur les économies d'Asie de l'Est et porte une attention particulière à la Chine.

- se concentrer sur: …에 몰두하다, 에 집중하다.
- porter une attention à: …에 주의를 기울이다.

1. 기본문장: le livre blanc(주어) + se concentre sur(동사)+ les économies(목적어) + et + porte(동사) + une attention(목적어) = white book(백서)은 경제에 집중하고 있고 주의를 기울이고 있다.

white book은 동아시아의 경제에 집중하고 있으며 중구에 특별한 주의를 기울이고 있다

Le rapport explique, selon le Yomiuri, que "les pays d'Asie de l'Est sont entrés dans une période d'intense compétition et considère que la forte croissance de l'économie chinoise représente une menace nouvelle pour le Japon".

- intense: 강력한
- compétition: f. 경쟁

1. 기본문장: le rapport(주어) + explique(동사) + que les pays d'Asie…(직접 목적보어) + et + le rapport(주어) + considère(동사) + que la forte croissance…(직접 목적보어) = 보고서는 아시아의 국가들이 …임을 설명하고 …강력한 발전을 간주한다.

– 이 문장은 똑같은 주어 le rapport의 반복을 피하기 위하여 두 번째의 le rapport는 생략을 했다. 다만 et 다음에 que를 넣어 똑같은 구문이 반복되고 있는 것을 알리고 있다.

2. les pays d'Asie de l'Est(주어) + sont entrés(être가 조동사 entrer동사 복합과거) = 동아시아는 돌입했다.

3. 어디로: dans une période d'intense compétition = 강력한 경쟁의 시대로
4. la forte croissance de l'économie chinoise(주어군) + représente(동사) + une menace nouvelle(목적어) = 중국 경제의 강력한 발전은 새로운 위협을 나타낸다.

요미우리 (신문)에 의하면 자료집(보고서)은 "동아시아의 국가들은 강력한 경쟁의 시대로 돌입했다고 설명하고 있으며 중국의 강력한 발전은 일본에게 새로운 위협을 나타낸다고(의미한다고)" 간주하고 있다.

Il critique les retards du Japon dans la restructuration et la déréglementation de son économie, encore très fermée aux investissements étrangers et propose, selon le Yomiuri, "une stratégie pour utiliser la puissance montante de l'Asie de l'Est afin de ressusciter l'economie nippone".

- retard: m. 지연, 지체
- restructuration: f. 재구성, 재정비, 구조조정
- déréglementation: f. 규제 완화(철폐)
- investissement: m. 투자
- proposer: 제안하다, 건의하다.
- stratégie: f. 책략, 전략
- afin de + inf. : …하기 위하여
- ressuscuter: 되살아나다, 부활하다.

1. 기본문장: il(주어로 le rapport를 받고 있다) + critique(동사) + les retards(목적어) + et + propose(il의 두 번째 동사) + une stratégie(목적어) = 자료집은 지연을 비판하고 있으며 하나의 전략을 제안하고 있다.
2. encore très fermée aux investissements étrangers = 여전히 외국의 투자에 매우 폐쇄적인

– 이 문장은 바로 앞의 일본경제인 déréglementation de son économie와 동격을 이루고 있다.

자료집은 일본의 구조조정과 여전히 외국의 (일본에 대한) 투자에 매우 폐쇄적인 일본경제의 규제완화의 지연을 비판하고 있으며, 요미우리 (신문)에 의하면 자료집은 "일본경제의 부활을 위해 동아시아의 도약하는 힘을 사용하기 위한 하나의 전략을" 제안하고 있다.

새로운 올림픽 회장

7월 16일자 뉴스로 벨기에인으로 IOC의 회장으로 뽑힌 쟈크 로게에 대한 기사입니다. 우리나라의 김운용씨와 아슬아슬한 접전을 벌인 새로운 IOC 회장에 대한 기사를 보기로 합시다.

Le chirurgien belge Jacques Rogge (59 ans) a été élu lundi à Moscou nouveau président du Comité international olympique (CIO), la principale instance sportive mondiale. Favori de cette élection, il avait le soutien en coulisse de Juan Antonio Samaranch, qui dirigeait l'organisation depuis 1980 et qui passait la main. Il a été élu au 2e tour de scrutin à bulletin (électronique) secret pour lequel il était en lice avec le Sud-Coreen Kim Un-yong, le Canadien Dick Pound et le Hongrois Pal Schmitt. L'Americaine Anita DeFrantz avait été éliminée au 1er tour.

La commissaire européenne chargée des Sports, Viviane Reding, a salué l'élection de Jacques Rogge comme "une bonne nouvelle". Elle estime qu'il sera "un allié de l'Union européenne pour la lutte contre le dopage". En effet, Jacques Rogge s'est déjà dit determiné à lutter contre les dérives qui menacent le sport : dopage bien sur mais aussi corruption, violence et racisme. Il entend donner une image plus moderne et plus éthique du CIO.

Jacques Rogge est le deuxieme Belge à occuper la présidence du CIO après le comte Henri de Baillet-Latour (1925-1942). Le nouveau président est élu pour un mandat de huit ans, renouvelable une seule fois pour une période de quatre ans.

Avant le début du scrutin, le juge Keba Mbaye, président de la Commission d'éthique, avait déclaré que les directives données aux candidats pendant la campagne avaient été respectées et que celle-ci s'était déroulée dans "une atmosphère de cordialité, de fair-play et même de fraternité".

여러분이 이 기사를 여러 번 읽었으리라 생각합니다. 전체적으로 무엇을 말하는지 알 것이라고 생각합니다. 자, 이제 문장을 하나 씩 보기로 합시다.

Le chirurgien belge Jacques Rogge (59 ans) a été élu lundi à Moscou nouveau président du Comité international olympique (CIO), la principale instance sportive mondiale.

- chirurgien: m. 외과의사
- Comité international olympique(CIO): 국제 올림픽 위원회
- instance: f. 당국, 결정 기관

1. 기본문장: Le chirurgien belge Jacques Rogge (주어군) + a été élu(élire동사 수동태 복합형) + nouveau président(élire동사 목적어) = 벨기에인 외과의사 쟈크 로게는 새로운 장으로 뽑혔습니다.

- 여기서 쟈크 로게는 벨기에의 외과 의사와 동격을 이루고 있다.
- élire동사 다음에 온 nouveau président 앞에 관사가 없는 것은 새로운 위원장이 주어 속사이며 직업을 나타내고 있기 때문에 관사가 생략됐다. 문장을 좀더 잘 이해하고 싶으면 nouveau président앞에 자격을 나타내는 comme를 넣어 문장을 보면 된다. 해석하면 새로운 위원장으로써 쟈크 로게가 됐다가 된다.

2. 언제: lundi = 월요일
3. 어디서: à Moscou = 모스크바에서
4. du Comité international olympique (CIO), la principale instance sportive mondiale = (동격으로) 세계적 체육의 주요 결정기관인 세계 올림픽 위원회

벨기에의 외과 의사인 쟈크 로게(59 살)는 세계 체육 주요 결정 기관인 세계 올림픽 위원회(CIO)의 새로운 위원장으로 월요일 모스크바에서 선출되었다.

Favori de cette élection, il avait le soutien en coulisse de Juan Antonio Samaranch, qui dirigeait l'organisation depuis 1980 et qui passait la main.

- favori: m. 총애 받는 사람, a. 우승 후보(의)
- soutien: m. 후원, 지지
- en coulisse: 비스듬한, 몰래하는
- diriger: 이끌다
- passer la main: 선을 넘겨주다, 포기하다, 단념하다

1. 기본문장: il(쟈크 로게) + avait(avoir동사 반과거) + le soutien(목적어) = 그는 지지를 가지고 있다.
- Favori de cette élection와 쟈크 로게는 동격임.
- 누구의? de Juan Antonio Samaranch = 후안 안토니오 사마란치의
2. qui(사마란치) + dirigeait(동사.반과거) + l'organisation(목적어) = 이 기관을 이끌었던
- 언제부터: depuis 1980 = 1980 이후로
3. et qui(사마란치) + passait(반과거) + la main(목적어) = 그리고 (권한을) 넘겨주었던

이 선거의 우승후보인 그는 1980년부터 이 기구를 이끌었고 또한 (권한을) 넘겨주었던 후안 안토니오 사마란치의 지지를 몰래 받고 있었다.

Il a été élu au 2e tour de scrutin à bulletin (électronique) secret pour lequel il était en lice avec le Sud-Coreen Kim Un-yong, le Canadien Dick Pound et le Hongrois Pal Schmitt.

- scrutin à bulletin: 비밀 투표
- en lice: 경합
- tour: m. 투표

1. 기본문장: Il(쟈크 로게) + a été élu(élire동사 수동태 복합형) = 그는 선출되었다.
2. 어디에서: **au** 2e tour de scrutin **à** bulletin (électronique) secret = (전자의, 전자식의) 비밀 투표에 의한 2차 투표에서
- **au**는 à+le의 축약이며 여기서는 **…에서**의 의미
- **à** 는 특징을 설명하고 있다
3. pour lequel은 2차 투표(au 2e tour de scrutin)를 받고 있다.
- pour는 조건으로 이렇게 하기 위하여로 해석 됨.
4. il(쟈크 로게) + était en lice(숙어로 경합하다) + avec (…와) = 그는 …와 경합했다.
5. 그 누구는: avec le Sud-Coreen Kim Un-yong, (avec)le Canadien Dick Pound et (avec)le Hongrois Pal Schmitt. **전치사 avec는 생략할 수 있다.**

그는 전자식 비밀 투표(로 진행된) 2차 전에서 선출되었다. 그렇게 되기 위해 그는 한국사람 김운용, 캐나다사람 디크 파운드 그리고 헝가리사람 팔 슈미트와 경합을 벌였다.

L'Americaine Anita DeFrantz avait été éliminée au 1er tour.

- éliminer: 떨어지다

1. L'Americaine(미국사람) Anita DeFrantz(미국사람과 동격) + avait été éliminée(2li;iner 동사 수동태 복합형) = 미국사람 아니타 데프란츠는 제거되었다(떨어졌다).
2. 어디에서: au 1er tour = 1차에서

미국사람 아니타 데프란츠는 1차 (투표)에서 떨어졌다.

La commissaire européenne chargée des Sports, Viviane Reding, a salué l'élection de Jacques Rogge comme "une bonne nouvelle".

- commissaire: f. 위원, 임원
- chargé de: 책임을 진
- saluer: 경의를 표하다

1. La commissaire européenne chargée des Sports(주어군), Viviane Reding(주어군과 동격), + a salué(saluer동사 복합과거) l'élection de Jacques Rogge(목적어) = 체육을 책임진 유럽의 임원인 비비안느 리딩은 쟈크 로게의 선출에 경의를 표했다.
2. comme(이유) "une bonne nouvelle" = 하나의 좋은 소식으로

체육을 책임진 유럽의 임원인 비비안느 리딩은 쟈크 로게의 선출을 "하나의 좋은 소식"으로 경의를 표했다

Elle estime qu'il sera "un allié de l'Union européenne pour la lutte contre le dopage".

- allié: m. 동맹국, 연합국, 지지자
- union: f. 연합
- dopage: m. 약물 복용(남용)

1. 주절: Elle(주어) + estime(동사) + que(관계 대명사로 목적절을 이끌고 있다) = 그녀

(비비안느 리딩)는 que이하를 평가한다.
2. 종속절: il(쟈크 로게) + sera(être동사 단순미래) + "un allié de l'Union européenne(목적어) = 그는 유럽 연합의 지지자가 될 것이다.
3. 무엇을 하기 위한? pour la lutte contre le dopage" = 약물 남용에 대한 싸움을 위해

그녀는 그가(쟈크 로게) "약물 남용에 대한 싸움에서 유럽연합의 지지자가 될 것"이라고 평가한다.

En effet, Jacques Rogge s'est déjà dit déterminé à lutter contre les dérives qui menacent le sport : dopage bien sur mais aussi corruption, violence et racisme.

- déterminer à +inf: …하기로 결심하다
- dériver: 이탈하다, 탈선하다
- menacer: 위협하다, 위태롭게 하다
- corruption: f. 부패, 매수
- racisme: m. 인종 차별주의, 인종적 편견

1. Jacques Rogge(주어) + s'est dit(대명동사 복합형) déterminé(과거 분사) à lutter = 쟈크 로게는 싸우기로 결심했다고 스스로에게(자기가) 말했다.

\- Jacques Rogge s'est déjà dit déterminé à에서 과거분사 déterminé를 이해하기 위해 문장을 바꿔보면 Jacques Rogge a déterminé à lutter로 볼 수 있다. 해석하면 쟈크 로게는 싸우기로 결심했다가 된다. 여기서 avoir를 조동사로 사용한 것은 déterminer동사는 avoir를 조동사로 하고 있으며 s'est dit가 이미 과거 시제로 된 복합형태이기 때문이다.

2. 무엇에 대항하여: contre les dérives = 탈선에 대항하여
3. qui(탈선) menacent le sport = 체육을 위협하는 (탈선)
4. : 즉(c'est à dire)
5. bien sur mais aussi = …뿐 아니라 …도

사실 쟈크 로게는 체육을 위태롭게 하는 탈선에 대항하여 싸우기로 결심했다고 이미 자기가 말했다. 즉, (그것은) 약물 남용 뿐 아니라 폭력과 인종 차별 주의(이다).

Il entend donner une image plus moderne et plus éthique du CIO.

- etendre: 원하다, 희망하다, …할 생각이다
- étique: 도덕적인

그는 더 현대적이고 더 도덕적인 CIO의 이미지를 줄 생각이다.

Jacques Rogge est le deuxieme Belge à occuper la présidence du CIO après le comte Henri de Baillet–Latour (1925–1942).

- être(형용사.수사) + à + inf: …하는 …이다
- occuper: 점유하다, 차지하다
- présidence: f. 대통령(의장, 회장, 재판장)의 직

쟈크 로게는 앙리 드 바이에-라투르 백작(1925 - 1942) 이후로 CIO의 의장직을 차지하는 두 번째 벨기에 사람이다.

Le nouveau président est élu pour un mandat de huit ans, renouvelable une seule fois pour une période de quatre ans.

- mandat: m. 임기
- renouvelable : a. 갱신할 수 있는

1. 기본문장: Le nouveau président est élu = 새로운 회장이 선출됐다.
2. 얼마동안: pour un mandat de huit ans = 8년의 임기 동안
3. 이것은: renouvelable une seule fois = 단 한 번 갱신 할 수 있는

– renouvelable는 mandat를 설명하고 있다.

4. 얼마동안: pour une période de quatre ans = 4년의 기간동안

4년의 기간을 위해 단 한 번 갱신 할 수 있는 8년의 임기를 위한 새로운 회장이 선출되었다.

Avant le début du scrutin, le juge Keba Mbaye, président de la Commission d'éthique, avait déclaré que les directives données aux candidats pendant la campagne avaient été respectées et que celle-ci s'était déroulée dans "une atmosphère de cordialité, de fair-play et même de fraternité"

- Commission d'éthique: 윤리 위원회
- déclarer: 선언하다, 선포하다
- directive: 강령, 지침, 지시
- campagne: f. 선거
- respecter: 존중하다
- dérouler: 전개되다
- atmosphère de cordialité: 화기 애애한 분위기
- fraternité: f. 우호

1. Avant le début du scrutin = 투표 시작 전
2. 주절: le juge Keba Mbaye(주어), président de la Commission d'éthique(주어와 동격으로 주어를 설명) + avait déclaré (déclarer동사 대과거) + que = 윤리의회 의장인 케바 음바에 심사원은 que이하를 선포했었다.

- 여기서 시제를 대과거로 한 것은 Avant le début du scrutin이라는 문장이 문두에 나오고 있기 때문이다. 즉 투표하기 전에 벌어진 상황을 설명하고 있기 때문이다.

3. 종속절: que les directives(종속절 주어) + avaient été respectées(수동태 대과거) = 지침서들이 존중되어 졌다고 (선포했었다)
4. données aux candidats pendant la campagne = 투표 동안 후보자에게 주어진

- données에 es가 붙은 이유는 directives의 **성.수에 일치**하기 위해서임

5. et로 연결되는 두 번째 종속절: que celle-ci(la campagne) + s'était déroulée(dérouler동사 수동태 과거로 e가 더 붙은 이유는 주어가 여성이기 때문) = 이것은 진행되어 졌다.
6. 어디에서: dans "une atmosphère de cordialité, de fair-play et même de fraternité" = 화기애애하고, 페어 플레이와, 우호적인 분위기에서

- une atmosphère는 de로 연결되는 cordialité, fair-play, fraternité에 다 걸리고 있다.
- même de fraternité에서 même는 부사로 **조차**의 의미 임.

투표하기 전에, 윤리의회 의장인 케바 음바에 심사의원은 선거 동안 후보자에게 주어진 지침서들은 존중되어 졌고, 선거는 "화기애애하고 페어 플레이와 우호적이기 조차한 분위기"에서 전개되었다고 선언했었다.

인간복제

르 몽드에 실린 인간복제에 대한 기사입니다. 우리나라도 배아복제를 허용하는 나라 중 하나가 되었습니다. 찬성과 반대의 목소리가 동시에 울려퍼지는 인간 복제, 이 내용이 무언지 감이 잡히면 문장을 하나씩 보는 것이 좋습니다. 그러기 위해 큰소리로 여러 번 읽기 바랍니다.

La Commission nationale des droits de l'homme s'oppose au clonage humain thérapeutique. (국립 인권 위원회는 치료를 위한 인간복제를 반대한다)

REMIS le 31 janvier à Lionel Jospin, un avis de la Commission nationale consultative des droits de l'homme (CNCDH) se prononce contre la légalisation – souhaitée par le gouvernement – du clonage humain à des fins thérapeutiques. La CNCDH ouvre ainsi officiellement le débat sur l'un des aspects les plus controversés de la révision des lois de bioéthique, qui doivent être soumises au Parlement lors du premier semestre de 2001. La CNCDH avait, dans les derniers jours du mois de décembre, été saisie par le premier ministre de l'avant-projet de loi ≪tendant à la révision des lois de 1994 relatives à l'éthique biomédicale≫. Estimant que le texte qui lui est soumis est, sur bien des points, conforme à l'avis qu'elle avait donné le 29 juin 2000, la CNCDH se démarque, sur le clonage thérapeutique, de l'arbitrage rendu par Lionel Jospin.

Sans utiliser explicitement le terme de ≪clonage thérapeutique≫, le texte de l'avant-projet de loi prévoit le ≪prélèvement de cellules≫ sur des personnes volontaires et la possible inclusion du noyau de ces cellules dans des ovocytes préalablement énucléés afin de constituer des embryons. Ces derniers ne pourraient être utilisés à des fins procréatives mais pourraient néanmoins être cultivés afin de fournir des ≪cellules souches≫, dont l'utilisation soulève aujourd'hui, de l'avis des biologistes, de nombreux espoirs thérapeutiques. S'il était adopté, ce texte ferait de la France le deuxième pays, après la Grande-Bretagne, à autoriser le clonage thérapeutique par voie législative.

기사의 제목이 시사하듯 요즘 과학의 도덕성이 문제가 되는 내용입니다. 이제 문장을 보기로 합시다.

REMIS le 31 janvier à Lionel Jospin, un avis de la Commission nationale consultative des droits de l'homme (CNCDH) se prononce contre la légalisation – souhaitée par le gouvernement – du clonage humain à des fins thérapeutiques.

- remettre: (받아야 할 사람에게) 건네주다. 인도하다. 배달하다.
- avis: m. 의견, 조언, 경고, 의견서
- Commission nationale consultative des droits de l'homme(CNCDH): 국립 인권 자문 위원회
- se prononcer: 의사를 표시하다.
- légalisation: f. 증명, 공인, 합법화
- clonage humain: m. 인간 복제
- fin: f. 목적 à des fins: 목적을 달성하기 위하여
- thérapeutique: adj. 치료(상)의 f. 치료학

1. REMIS le 31 janvier Lionel Jospin, un avis de la CNCDH = 리오넬 죠스팽에게 1월 31일 배달된 국립 인권 자문 위원회의 의견서

– 이 문장은 un avis (est) remis le 31 janvier Lionel Jospin이 도치가 된 것이다.

2. 기본문장: un avis de la CNCDH(주어) + se prononce(동사) + contre la légalisation du clonage humain à des fins th rapeutiques(목적어) = 국립 인권 자문 위원회의 의견서는 치료의 목적에 인간복제의 합법화에 반대 의사를 표시한다.

3. **souhaitée는 여성 명사 légalisation을 꾸미고 있기 때문에 e가 붙었다.** légalisation – souhaitée par le gouvernement = 정부에 의해서 기대되는 합법화

– souhaitée는 형용사이면서 동작주 보어 par le gouvernement으로 이끌리고 있으므로 수동태적인 성격을 가지고 있다고 하겠다.

리오넬 죠스팽에게 1월 31일 배달된 국립 인권 자문 위원회의 의견서는 치료의 목적에 정부가 희망하는 인간복제의 합법화에 반대 의사를 표시한다.

La CNCDH ouvre ainsi officiellement le débat sur l'un des aspects les plus controversés de la révision des lois de bioéthique, qui doivent être soumises au Parlement lors du premier semestre de 2001.

- ouvrir: 개시하다. …의 선두에 서다.(나서다)
- officiellement: 공식적으로
- débat: m. 논쟁, 토론, 토의. d bat sur: ~에 관한 논쟁
- aspect: m. 형세, 국면, 각도
- controversé : 논쟁의 대상이 되고 있는, 물의를 일으키고 있는
- révision: f. 개정, 수정
- bioéthique: f. 생명 윤리
- soumettre à: …에 복종시키다. …에 따르게 하다.
- Parlement: m. 의회
- lors de: …한 때에
- semestre: m. 6개월, 반년

1. 기본문장: La CNCDH(주어) + ouvre(ouvrir동사) + le d bat(목적어) = CNCDH는 토론의 선두에 나서다.
2. l'un des aspects les plus controversés의 **l'un des**는 **~중의 하나**라는 뜻임.
3. des lois de bioéthique, qui doivent tre soumises au Parlement = 의회에 따르게 될 생명윤리라는 법

- 관계 대명사 qui는 des lois를 가리키고 있다. des lois는 doivent être soumises의 주어가 된다. 동사는 수동태 현재이며 soumises의 es는 loi가 여성 명사이므로 성.수에 일치시키기 위한 것이다. devoir동사는 강력한 추측을 의미하고 있다.

이렇게 해서 CNCDH는 공식적으로 2001년 첫(상반기) 회기 때 국회에 따르게 될 생명윤리라는 법률의 개정에서 가장 물의를 일으키고 있는 국면 중 한 개의 논쟁에 선두에 나선다.

La CNCDH avait, dans les derniers jours du mois de décembre, été saisie par le premier ministre de l'avant-projet de loi ≪tendant la révision des lois de 1994 relatives l'éthique biomédicale≫.

- saisir: 파악하다. 이해하다. 알아차리다. (사태 따위가)강한 충격을 주다.
- l'avant-projet: m. (법률, 계약서, 작품 따위의) 초안
- tendre à: …을 지향하다. 목표로 하다.
- relative à: ~에 관한, (에) 관련된

1. 기본문장: La CNCDH avait été saisie par le premier ministre = 국무총리는 인권 위원회에게 충격을 주었다.

- 문장의 시제는 수동태 과거이다. 이 문장을 능동태로 고쳐보면 le premier ministre a saisi la CNCDH가 된다.
2. de l'avant-projet de loi tendant에서 **앞의 전치사de는 …에 관해서**로 **뒤의 de는 동격**으로 보면 된다. tendant는 분사로 qui tende로 풀어서 볼 수 있다. 즉 ~을 목표로 하는 법의…

CNCDH는 12월말, 생명의약의 윤리에 관련된 1994년의 법 수정을 목표로 하는 법의 초안에 관해 국무총리에 의해 강한 충격을 받았습니다.

Estimant que le texte qui lui est soumis est, sur bien des points, conforme à l'avis qu'elle avait donné le 29 juin 2000, la CNCDH se démarque, sur le clonage thérapeutique, de l'arbitrage rendu par Lionel Jospin.

- estimer: 평가하다. 생각하다. 간주하다.
- texte: m. 본문, 원문, 원고
- conforme à: …에 부합하는, 합당한
- se démarquer de: 구분되다.
- l'arbitrage: m. 중재, 조정, 심판, 판정
- rendre: (= donner) 표현하다.

1. Estimant que le text est conforme à l'avis qu'elle avait donné le 29 juin 2000 = 원문이 인권위원회가 2000년 6월 29일 제출한 의견에 부합한다고 평가함으로써
- estiment은 이유를 설명하는 분사로 볼 수 있다. 즉, que 이하를 ~(라고) 간주함으로써.
- l'avis qu'elle avait donné 에서 elle은 la CNCDH를 받고 있다.
2. le texte qui lui est soumis = 국무총리에게 제출한 원문
- lui는 le premier ministre를 가리키고 있다.
3.. 기본문장: la CNCDH(주어) + se démarque de(동사) + l'arbitrage rendu par Lionel Jospin = CNCDH는 리오넬 조스팽이 표현한 판정과는 구분이 된다.
4. 무엇에 관해서? sur le clonage thérapeutique = 치료의 복제에 관해서.
- 여기서 말하고 있는 것은 복제에 대한 정부측과 인권 위원회가 치료를 목적으로 하는 인간복제에 관해 의견의 차이를 보이고 있다라는 내용이다.

국무총리에게 제출한 원문이 여러 면에서 인권위원회가 2000년 6월 29일 제출한 의견에 부합한다고 평가함으로써 CNCDH는 치료에 관한 복제에 대해 리오넬 조스팽이 표현한 판정과는 구분이 된다.

Sans utiliser explicitement le terme de ≪clonage thérapeutique≫, le texte de l'avant-projet de loi prévoit le ≪prélèvement de cellules≫ sur des personnes volontaires et la possible inclusion du noyau de ces cellules dans des ovocytes préalablement énucléés afin de constituer des embryons.

- explicitement: 명백하게, 명시적으로
- terme: m. 말, 단어, 표현, 용어
- clonage: m. 클로닝, 클론화
- prévoir: 예상하다. 예견하다.
- prélèvement: 채취, 추출, 채취한 견본
- cellule: f. 세포
- volontaire: 자유 의사에 따른, 자발적인, 고의적인
- inclusion: f. 집어넣기, 포함, 이물질 inclusion dans: …에 집어넣기
- noyau: m. 씨, 핵, 세포핵
- ovocyte: m. 난모 세포
- préalablement: 먼저, 우선, 사전에
- énucléer: (과일의) 씨를 빼다. 적출하다.
- embryon: m. 배자, 배아, 씨눈

1. 기본문장: le texte de l'avant-projet de loi(주어) + prévoit(동사) + le ≪prélèvement de cellules≫ et la possible inclusion du noyau de ces cellules(목적어) = 법 초안 문은 세포 추출과 이 세포들의 핵의 가능한 삽입을 예상한다.
2. le terme de ≪clonage th rapeutique≫ = 치료의 복제라는 용어 (치료를 위한 복제라는 용어)

- **de는 동격으로 ~라는.**

3. ovocytes pr alablement énucléés = 사전에 핵을 빼낸 난모 세포

- ovocytes가 남성 복수 명사이므로 형용사에 s가 붙는다.

4. afin de + inf. = …하게 하기 위하여

치료를 위한 복제라는 용어를 명백하게 사용하지 않아도 법의 초안 문은 자발적인 사람들에게서 세포의 채취와 배아를 형성하기 위하여 사전에 핵을 적출한 난모 세포에 (채취한) 세포의 가능한 집어넣기를 예견하고 있다.

※ 우리나라 말로 옮기는 과정에서 어색한 부분이 많아 간단한 설명을 붙입니다. 위의 내용은 핵을 제거한 여성의 난자에 남성의 세포를 넣어 배양하는 것에 대한 설명임.

Ces derniers ne pourraient être utilisés à des fins procréatives mais pourraient néanmoins être cultivés afin de fournir des ≪cellules souches≫, dont l'utilisation soulève aujourd'hui, de l'avis des biologistes, de nombreux espoirs thérapeutiques.

- à des fins: ~ 목적으로
- procréatif(ve): 생식(출산)과 관련이 있는
- cultivé: 경작된, 배양된
- souche: f. 취락(콜로니) 근원, 기원
- soulever: 유발하다. 자극하다. 고무하다.

1. 기본문장: Ces derniers(주어로 des embryons을 받고 있다) + ne pourraient être utilisés(pouvoir동사 조건법 현재와 utiliser의 수동태) = 사용되어 질 수 없을 것이다.
- 문장 자체는 부정문으로 pouvoir동사 다음에 동사 원형이 나오면 pas가 생략된 것임. 이 문장을 쉽게 풀어보면 ces derniers ne peuvent pas utiliser가 된다. 이것을 해석하면 이 배아들은 사용 할 수 없다가 된다. 다시 문장을 수동태형으로 바꾸면 ces derniers ne peuvent pas être utilisés가 된다. 해석하면 이 배아들은 사용되어질 수 없다가 된다. 여기서 pouvoir동사를 가정이나 추측을 말하는 조건법으로 바꿔서 해석하면 된다.
2. **dont**은 **l'utilisation des ≪cellules souches≫**이나 반복을 피하기 위하여 **dont**를 사용.
3. de l'avis des biologistes에서 **de**는 **~에 의하면**
4. de nombreux espoirs th rapeutiques에서 de는 형용사 복수 + 명사 복수

이 배자들은 출산과 관련이 있는 목적으로 사용되어 질 수 있을 것이다. 그러나 그럼에도 불구하고 취락 근원 세포를 제공하기 위하여 배양되어질 것이다. 취락 근원 세포의 사용은 오늘 날, 생물학자들의 의견에 의하면, 치료상의 많은 희망을 유발한다.(유발하고 있다)

S'il était adopté, ce texte ferait de la France le deuxième pays, après la Grande-Bretagne, autoriser le clonage thrapeutique par voie législative.

- adopter: 채택하다, 통과하다.
- voie législative: 합법적인 절차

1. 조건절: S'il(le texte) + était adopté(수동태 과거) = 이 (법)초안이 채택되면

2. 주절: ce texte(주어) + ferait(조건법 현재) + de(…로) la France + le deuxième pays (프랑스와 동격) = 이 내용은 프랑스로 하여금 두 번째 나라로 만들 것이다.
3. après la Grande-Bretange = 영국 다음으로
4. 부정법: autoriser(faire autoriser가 되어 사역이 됨) + le clonage thérapeutique(목적어) = 치료적(를 위한) 복제를 허용하다.
5. 경로: par voie législative = 합법적인 절차로

이 (법의) 초안이 채택되어지면 이 안은 프랑스로 하여금 영국 다음으로 치료적(를 목적으로 하는) 복제를 허용하는 두 번째 나라가 될 것이다.

다이애나 정원

6월 30일자 뉴스의 일부분으로 영국 정부가 이미 4년 전에 고인이 된 다이애나 비를 위해 분수가 있는 정원을 설립하기로 결정했다는 내용입니다.

시작하기 전에 소리내어 여러 번 읽기 바랍니다.

"C'est un endroit charmant et je crois que nous pouvons y construire un monument adéquat en hommage à Diana". La ministre à la Culture, Tessa Jowell, a donc donné son aval à la construction d'un monument en l' honneur de Lady Di. La fontaine sera élevée à Hyde Park, à un endroit où la princesse aimait à se promener. Son coût de trois millions de livres (4,8 millions d'euros) sera couvert par des subventions publiques ainsi que la vente de pièces commémoratives.

La fontaine, qui ne présentera aucune image de Diana, constituera le seul memorial érigé à ce jour à Londres en l'hommage à l'ancienne épouse de Charles. Pour l' instant, son nom n' est attaché qu'à un chemin de promenade dans les jardins royaux de Londres et à un espace de jeux pour enfants à Kensington Gardens, à proximite de son ancienne résidence.

Le Premier ministre Tony Blair avait retenu dès septembre 1999 l'idée de construire une fontaine pour honorer la mémoire de celle qu'il avait qualifiée de "princesse du peuple" et son gouvernement a depuis été critiqué pour avoir tardé à mettre en oeuvre le projet.

문장을 하나 씩 보면서 무슨 일이 있었는지 보기로 합시다.

"C'est un endroit charmant et je crois que nous pouvons y construire un monument adéquat en hommage à Diana".

- adéquat(e) à: 완전히 일치하는, 적절한
- en hommage: 존경으로, 경의로

1. je crois que = 나는 que 이하를 믿습니다.
2. nous(주어) + pouvons(조동사) + y(여기) + construire(본동사) + un monument(목적어) = 우리는 여기에다 한 개의 기념관을 세울 수 있습니다.

- 여기서 우리는 특별한 뜻이 있기 보다는 대중을 향한 발언으로 공동체를 일컫는 의미로 보면 된다.

3. 어떤 기념관: adéquat en hommage à Diana = 다이애나에게 경의하기에 적절한

"여기는 매력적인 장소입니다. 그리고 나는 우리가 여기에다 다이애나에게 경의를 표하기에 적절한 기념관을 세울 수 있을 것이라 믿습니다." 또는 "여기는 매력적인 장소이고 우리는 여기다~"

La ministre à la Culture, Tessa Jowell, a donc donné son aval à la construction d'un monument en l' honneur de Lady Di.

- la ministre à la culture: 문화부 장관
- son aval à: …에 협조하다, …을 후원하다
- en l'honneur de: 존경(=en honneur de)

1. 기본문장: La ministre à la Culture(주어) + a donné(donner 복합과거) + son aval (목적어) = 문화부 장관은 그녀의 후원을 주었습니다.
2. 어디에: à la construction d'un monument de Lady Di = 레이디 디의 기념관의 건설에
3. en l'honneur de Lady Di. = 레이디 디에게 경의를 표하기 위하여
4. Tessa Jowell와 La ministre à la culture는 동격임.

문화부 장관 테사 조웰은 레이디 디에게 경의를 표하기 위하여 기념관 건설에 그녀의 후원을 약속했습니다.

La fontaine sera élevée à Hyde Park, à un endroit où la princesse aimait à se promener.

- élever: 건립하다
- se promener: 산책하다

1.기본문장: La fontaine(주어) + sera élevée(수동태 미래) = 분수는 건립될 것이다.
2. 어디에: à Hyde Park = 하이드 파크에
3. 하이드 파크는: à un endroit où la princesse aimait à se promener = 왕세자비가 산보하기를 좋아했던 장소인
– 하이드 파크는 왕세자비가 산책하기를 즐기던 장소와 동격을 이루고 있다.

분수는 왕세자비가 산책하기를 좋아했던 장소인 하이드 파크에 세워질 것이다.

Son coût de trois millions de livres (4,8 millions d'euros) sera couvert par des subventions publiques ainsi que la vente de pièces commémoratives.

- coût: m. 비용, 경비
- couvrir: (경비, 지출 따위를) 충당하다, 메우다
- subvention publique: f. 공공기금
- commémoratif(ve): 기념하는, 기념을 위한

1. 기본문장. Son coût(주어) + de trois millions de livres (4,8 millions d'euros)(주어와 동격) + sera couvert(수동태. 미래) + par des subventions publiques (동작주) = 48백만 유로라는 비용은 공공 기금으로 충당될 것이다.
– 이 문장을 **능동태**로 고치면 des subventions couverira son coût…로, 해석하면 공공 기금은 비용을 충당할 것이다가 된다. 여기서 중요한 것은 비용을 어떻게 충당하느냐 하는 것이 중요하므로 주어를 공공기금으로 시작하는 것보다 비용으로 시작하는 것이 자연스럽다.
2. ainsi que la vente de pièces commémoratives = 기념품의 판매에 의한 것과 함께
– 이 문장은 주어와 동사가 생략된 문장으로 la vente 앞에 par가 생략 된 것이다. 문장을 완성하면 son coût sera couvert par la vente de pièces commémoratives가 된다. ainsi que는 여기서 et와 같은 뜻으로 보면 된다.

4백 8십만 유로라는 비용은 기념품의 판매와 함께 공공기금으로 충당 될 것이다.

La fontaine, qui ne présentera aucune image de Diana, constituera le seul memorial érigé à ce jour à Londres en l'hommage à l'ancienne épouse de Charles.

- constituer: 구성하다, 이루다
- mémorial: m. 기념비
- ériger: 건립하다, 설립하다

1. 기본문장: La fontaine(주어) + constituera(constituer 미래) + le seul memorial (목적어) = 분수는 유일한 기념비를 구성할 것이다.
2. qui ne présentera aucune image de Diana = 다이애나의 어떠한 모습도 나타내지 않을 (분수는)
- 이 문장은 la fontaine를 설명해주고 있다.
3. érigé(mémorial을 수식하는 형용사) à ce jour à Londres = 그 날 런던에 건립된 (기념비)

찰스 황태자의 전 부인에 대한 경의로 그 날 건립된, 다이애나의 어떠한 모습도 나타내지 않을 분수는 유일한 기념비를 구성할 것이다.

Pour l' instant, son nom n' est attaché qu'à un chemin de promenade dans les jardins royaux de Londres et à un espace de jeux pour enfants à Kensington Gardens, à proximite de son ancienne résidence.

- attacher à: …에 결부시키다, 부여하다
- royaux: royal의 남성형 형용사 복수. 왕립의
- à proximité de: …의 근처에, …의 가까이에
- Pour l' instant: 현재로는

1. 기본문장: son nom(주어) + n' est attaché qu' (attacher 동사 수동태 현재) + à un chemin de promenade (목적어) = 그녀의 이름은 한 개의 산책로에 부여됐을 뿐이다.
- ne… que문장임을 주의 할 것
2. 어디에 있는 산책로: dans les jardins royaux de Londres = 런던의 왕립공원 안의
3. à un espace de jeux pour enfants à Kensington Gardens = 켄싱턴 정원에 어린이를 위한 놀이터에
- 전치사 à는 앞의 동사 attacher에 걸리고 있다.
4. à proximite de son ancienne résidence는 켄싱턴을 설명. = 그녀의 옛 거주지 근처에 (있는)

현재로는 그녀의 이름은 런던의 왕립정원 안에(있는) 산책로와 그녀의 옛 거주지 근방의 켄싱턴 정원에(있는) 어린이를 위한 놀이터에 그녀의 이름이 부여됐을 뿐이다.

Le Premier ministre Tony Blair avait retenu dès septembre 1999 l'idée de construire une fontaine pour honorer la mémoire de celle qu'il avait qualifiée de "princesse du peuple" et son gouvernement a depuis été critiqué pour avoir tardé à mettre en oeuvre le projet.

- le premier ministre: 국무총리, 수상
- retenir: 간직하다
- dès: …부터
- honorer: 존경하다, 영광스럽게 하다
- qualifier: 규정하다, …의 자격을 주다
- critiquer: 비난하다
- tarder à + inf: …하는 것을 지체하다
- mettre en oeuvre: 이행하다

1. 기본문장: Le Premier ministre Tony Blair(주어) + avait retenu(retenir 동사 대과거) + l'idée(목적어) = <u>토니 블레어 수상은 이 생각을 간직했다</u>.
2. 어떤 생각: de construire une fontaine = <u>한 개의 분수를 세우겠다는 (생각)</u>
- 이 문장은 l'idée를 설명해주고 있어 전치사 de는 동격이다.
3. 왜: pour honorer la mémoire de celle qu'il avait qualifiée de "princesse du peuple" = <u>그가 국민의 왕세자비라고 규정했었던 그 여자의 추억을 영광스럽게 하기 위하여</u>
- 여기서 pour + inf.는 이유를 나타내고 있다.
- celle은 princesse du peuple을 가리키고 있다.
- celle qu'il avait qualifiée에서 il은 토니 블레어를 받고 있다.
- qualifiée는 지시 대명사 celle이 종속절의 목적어 구실을 하고 있으며 종속절이 복합시제로 조동사 avoir를 가지고 있기 때문에 성에 일치하기 위해 e가 더 붙었다. celle qu'il avait qualifiée는 qu'il l'avait qualifiée의 구조를 생각하면 될 것이다.
4. son gouvernement(주어) + a été critiqué(수동태 복합과거) = <u>그의 정부는 비판 받아왔다</u>.
5. 왜: pour(이유) avoir tardé(복합형 분사로 주문장과 동일한 시제)à mettre en oeuvre le projet = <u>그 계획을 지체했었다는 이유로</u>

토니 블레어 수상은 1999년 9월부터 그가 "국민의 왕세자비"라고 규정했었던 여자의 추억을 영광스럽게 하기 위하여 하나의 분수를 설립할 생각을 가지고있었고 그 후로 그의 정부는 이 계획을 지체했다는 이유로 비난받아왔다.

탐 크루즈

7월 10일자 소식에 의하면 니콜 키드만과 이혼한 톰 크루즈는 동성연애자 스캔들에 이어 그가 소유하고 있는 재산의 절반을 니콜에게 내주어야 할 형편에 다다란 것 같다. 어떤 연유로 이 미남 배우에게 이와 같은 상황이 벌어지는지 보기로 하자. 문자의 전체적인 내용을 파악하기 위해 여러 번 소리내어 읽는 것이 매우 중요하다.

Tom Cruise pourrait bien changer d'avis concernant la moitié de sa fortune que lui réclame Nicole Kidman. L'acteur serait sur le point de céder aux pressions de son ex-épouse et de lui accorder la moitié de sa fortune ainsi que leurs propriétés de Los Angeles et de Sydney. Ce revirement de situation intervient alors que Nicole aurait l'intention de faire appel à l'ADN pour prouver devant un tribunal que Tom Cruise était effectivement le père de l'enfant qu'elle a perdu au début de l'année. Or, l'acteur a toujours affirmé jusqu'à present que leur mariage était fini bien avant leur séparation. Le resultat de ce test pourrait bien prouver que Tom Cruise a menti pour éviter de partager sa fortune avec son épouse. Alors qu'il était plus que réticent à partager les 2,5 milliards de francs, il semble désormais tout dispose à le faire et à céder les deux propriétés à Nicole. Nicole s'avoue ravie de pouvoir conserver sa maison de Los Angeles parce que c'est là que les deux enfants du couple, Isabelle (8 ans) et Connor (6 ans), ont grandi.

어떤 내용인지 문장을 풀어가면서 하나씩 보기로 합시다.

> Tom Cruise pourrait bien changer d'avis concernant la moitié de sa fortune que lui réclame Nicole Kidman.

- bien: adv. 분명히, 참으로
- concernant: …에 관계되는
- changer d'avis: 의사를(생각을) 바꾸다

■ réclamer: 요구하다

1. 기본문장: Tom Cruise(주어) + pourrait(조건법 현재로 추측을 나타냄) + changer d'avis(목적절) = 톰 크루즈는 생각을 바꿔야 할 것이다.
2. concernant la moitié de sa fortune = 그의 재산의 절반에 관해
- concernant은 de와 같은 의미로 이해하면 된다.
3. 어떤 재산이냐 하면 sa fortune que lui réclame Nicole Kidman = 니콜 키드만이 요구하는 재산.

톰 크루즈는 니콜 키드만이 요구하는 그의 재산의 절반에 대해 생각을 바꾸어야 할 것이다.

L'acteur serait sur le point de céder aux pressions de son ex-épouse et de lui accorder la moitié de sa fortune ainsi que leurs propriétés de Los Angeles et de Sydney.

■ être sur le point de + inf.: 막…하려고 하다
■ céder à: …을 따르다, …에 굴복하다
■ ex-épouse: f. 전처
■ accorder: 인정하다, 동의하다, 승락하다
■ ainsi que: 그리고 또, 및
■ propriété: f. 소유, 소유물, 소유권

1. 기본문장: l'acteur(주어) + serait sur le point **de** céder et **de** lui(간.목. 니콜 키드만) accorder(être동사의 조건법 미래와 함께 céder 동사와 accorder동사는 **de**에 가서 걸리며 추측을 나타내고 있다) = 배우는 굴복하고 동의하려 할 것이다.
2. 무엇을: la moitié de sa fortune ainsi que leurs propriétés = 그의 재산의 절반 및 그들의 소유지를

배우는 (정관사를 사용하여 톰 크루즈를 가리키고 있다) 그의 전처의 압력에 굴복하고 그의 재산의 절반 및 로스 엔젤레스와 시드니에 있는 그들의 소유지를 인정(양도)하려 할 것이다.

Ce revirement de situation intervient alors que Nicole aurait l'intention de faire appel à l'ADN pour prouver devant un tribunal que Tom Cruise était effectivement le père de l'enfant qu'elle a perdu au début de l'année.

- revirement: m. 재선회, 급변, 돌변
- intervenir: 생기다, 일어나다
- alors que: lors que와 같은 용법으로 …일 때에
- avoir l'intention de + inf.: …할 생각이다
- faire appel à q.ch/q.n: …에 호소하다, …의 도움을 청하다
- ADN(acide désoxyribonucléique): 디옥시리보 핵산. 유전자 구성 요소
- au début de: …초에

1. 기본문장: Ce revirement de situation(주어) + intervient(동사) + alors que로 유도되는 종속절 = (…일 때) 상황의 이 돌변은 일어났다(일어난다)
2. Nicole(종속절 주어) + aurait(avoir동사 조건법 현재) l'intention de + faire appel à l'ADN = 니콜이 유전자 감식의 도움을 청하려는 의도를 가졌었을 것이다.
3. pour prouver devant un tribunal que… = que 이하를 법원에서 증명하기 위하여
4. Tom Cruise(주어) + était(동사) + le père de l'enfant(목적어) = 톰은 아이의 아버지였다.
5. qu'elle(니콜) + a perdu(perdre동사 복합과거) = 그녀가 유산 한
6. 언제: au début de l'année = 올 해 초에

상황의 이 돌변은 니콜이 법원에서 그녀가 올해 초에 유산한 아이의 아버지가 사실 톰 쿠루즈였다는 것을 증명하기 위해 유전자 감식의 도움을 청할 의도를 가지는 것으로 생겨난다.

Or, l'acteur a toujours affirmé jusqu'à present que leur mariage était fini bien avant leur séparation.

- or: 그런데
- affirmer: 단언하다
- jusqu'à présent: 지금까지

1. 기본문장: l'acteur a affirmé(복합과거) que = 배우는 que 이하를 단언했다.
2. que le mariage était fini = 그 결혼은 끝나 있었다.
- 주의 할 것은 동사가 수동태 반과거로써 주절의 복합과거 보다 이전에 그들의 관계가

끝났다는 것을 암시하고 있다.

3. 언제: bien avant leur séparation = <u>그들의 별거 훨씬 전에.</u>

- bien은 부사로 avant을 강조하고 있다.

그런데 배우는 그들의 결혼이 그들의 별거 훨씬 전에 끝나 있었다고 계속 단언했다.

Le resultat de ce test pourrait bien prouver que Tom Cruise a menti pour éviter de partager sa fortune avec son épouse.

- éviter de + inf.: …하는 것을 회피하다

1. 기본문장: Le resultat de ce test(주어) + pourrait(조건법 현재) prouver que… = <u>이 검사의 결과는 que 이하를 증명 할 것이다.</u>

- 동사의 조건법 현재는 이 기사가 가지고 있는 추측 기사의 성격을 계속 보여주고 있다.

2. Tom Cruise(주어) + a menti(mentir동사 복합과거) + pour éviter de partager(목적을 나타내는 부정법절) = <u>톰 크루즈는 나누는 것을 피하기 위하여 거짓말했다.</u>

이 검사의 결과는 탐 크루즈가 그의 부인과 재산을 나누는 것을 회피하기 위하여 거짓말을 했다는 것을 증명할 것이다.

Alors qu'il était plus que réticent à partager les 2,5 milliards de francs, il semble désormais tout dispose à le faire et à céder les deux propriétés à Nicole.

- alors que + ind.: …인데 비해, …임에 반해
- plus que: seulement의 뜻
- réticent à + inf.: …하기를 주저하는
- disposer à + inf.: …하게끔 준비를 시키다, …할 생각을 갖게 하다

1. 기본문장: il(톰 쿠루즈) + était(être 반과거) + réticent (주어속사) = <u>그는 주저했었다.</u>
2. 무엇을: à partager les 2,5 milliards de francs = <u>25억 프랑을 나누는 것을</u>
3. il semble(que가 생략된 비인칭 구문) + tout(주어) + dispose(동사) + à le(25억 프랑은 나누는 것) faire et à céder(의무를 나타내는 부정법) + les deux propriétés

(목적어) + à Nicole(여격) = 모든 것이 그것을 하게 하고 니콜에게 두 개의 소유물을 양도하게 할 생각을 갖게 하는 것 같다.

그가 단지 25억 프랑을 나누는 것을 터놓고 말을 안 하는 것임에 비해 모든 것이 그것을(25억 프랑을 나누는 것) 하게 하고 두 개의 부동산을 니콜에게 양도하게 할 생각을 갖게 하는 것 같다.

Nicole s'avoue ravie de pouvoir conserver sa maison de Los Angeles parce que c'est là que les deux enfants du couple, Isabelle (8 ans) et Connor (6 ans), ont grandi

- s'avouer: 고백하다, 자기가..임을 시인하다
- ravie de + inf.: …로 인해 매우 기쁜

1. 기본문장: Nicole(주어) + s'avoue(동사) + ravie(주어속사) + de(..로) pouvoir conserver(de로 이끌리는 부정법) + sa maison(목적어) = 니콜은 그녀의 집을 간직할 수 있게 된 것으로 매우 기쁘다고 고백한다.

– 이 문장은 Nicole s'avoue qu'elle est ravie de…의 문장이나 종속절의 주어와 주절의 주어가 같음으로 qu'elle을 생략한 문장이다.

2. c'est là que(부사구) les deux enfants du couple(주어) + ont grandi(grandir동사 복합과거) = 이 부부의 두 아이들인 8살의 이자벨과 6살의 코너가 자란 곳은 여기다.

– 이 문장은 **c'est que**의 문장으로 **…한 것은 … 이다**로 해석하면 된다. là는 니콜이 톰 크루즈로부터 받게 될 집을 말하고 있다. Isabelle (8 ans) et Connor (6 ans)는 les deux enfants du couple와 동격을 이루고 있다.

니콜은 로스앤젤레스의 집을 소유할 수 있게 된 것으로 인해 매우 기쁘다고 고백했다. 그것은 이 부부의 자녀인 8살의 이자벨과 6살의 코너가 자란 곳이 여기이기 때문이다. 또는 이 부부의 자녀인 8살의 이자벨과 6살의 코너가 자란 곳이 여기이기 때문에 니콜은 로스앤젤레스의 집을 소유할 수 있게 된 것으로 인해 매우 기쁘다고 고백했다.

중국의 배 대만 입항

2001년 2월 6일 Tf1에서 발췌한 중국의 배가 처음으로 대만에 입항한 내용의 뉴스입니다. 문장을 전체적으로 소리를 내어 여러 번 읽어보기 바랍니다. 이것은 뉴스의 내용을 파악하는 첫 단계입니다.

KINMEN (Taiwan), 6 f2v (AFP) - Un bateau chinois transportant quelque 90 passagers a assuré mardi la première liaison officielle entre le continent et Taiwan depuis un demi-siècle en arrivant sur l'île de Kinmen sous juridiction taiwanaise depuis 1949.

Le "Gulangyu", avec à son bord 91 passagers dont 6 journalistes chinois, avait quitté peu après 10H00 locales (02H00 GMT) la ville portuaire de Xiamen (sud-est de la Chine) en direction de Kinmen, seulement distante de quelques kilomètres

Ce voyage est une reponse à une première liaison entre Kinmen et Xiamen effectuée le 2 janvier par un navire taiwanais.

Cette première liaison entre Taiwan et le continent depuis un demi-siècle, à l'initiative du president taiwanais Chen Shui-bian, avait été acceptée du bout des lèvres par les autorités de Pékin.

Ces dernières exigent que Taipei autorise des liaisons maritimes, commerciales et postales entre le continent et l'île de Taiwan proprement dite, et pas seulement avec Kinmen et une autre île côtière, Matsu.

Mais près d'un mois après avoir accueilli les premiers bateaux taiwanais sur le continent, elles ont donné le feu vert au premier voyage de Chinois du continent vers l'îlot taiwanais de Kinmen, tout en le limitant à la sphère strictement non officielle.

문장을 세부적으로 보기로 합시다.

> KINMEN (Taiwan), 6 f2v (AFP) – Un bateau chinois transportant quelque 90 passagers a assuré mardi la première liaison officielle entre le continent et Taiwan depuis un demi-siècle en arrivant sur l'île de Kinmen sous juridiction taiwanaise depuis 1949.

- AFP(Agence France-Presse): 프랑스 통신사
- transporter: 운송하다. 운반하다.
- quelque: 대략
- passager: 일시적인 여행객
- assurer: 확실하게 하다. 시행하다.
- juridiction: 권한

1. 2월 6일 AFP 통신이 타이완의 킨멘에서 보낸 뉴스
2. 기본문장: Un bateau chinois(주어) + a assuré(assurer동사의 복합과거) la première liaison officielle(목적어) = 하나의 중국 배는 공식적인 첫 번째 관계를 확실하게 했다.
3. entre le continent et Taiwan = 중국대륙과 대만 사이의
4. Un bateau chinois transportant에서 현재분사 transportant는 동사의 성격으로 이해 할 수 있다. 즉, un bateau qui transporte로 풀어서 볼 수 있다.
5. depuis 1949는 depuis un demi-siècle에 대한 보충 설명이다.

대략 90명의 여행객을 운반하는 하나의 중국 배가 화요일 1949년이래 반세기만에 대만의 권한 아래 킨멘 섬에 도착하면서 중국 대륙과 대만 사이의 첫 번째 공식적인 관계를 확실하게 했다.

> Le "Gulangyu", avec à son bord 91 passagers dont 6 journalistes chinois, avait quitté peu après 10H00 locales (02H00 GMT) la ville portuaire de Xiamen (sud-est de la Chine) en direction de Kinmen, seulement distante de quelques kilomètres.

- à (son) bord: 배에
- heure locale: 지역시간
- GMT: 국제 표준시간

- la ville portuaire: 항구도시
- en direction de: ~의 방향으로
- distant(e): 떨어져 있는
- peu après: 조금 후에

1. 기본문장: Le "Gulangyu"(주어) + avait quitté(quitter동사의 복합과거) + la ville portuaire(목적어) = 굴랑기우호는 항구도시를 떠났다.
2. 어디에: à son bord = 굴랑기우호(배)에.
- à son bord는 ( )안에 넣고 문장을 파악하는 것이 좋다. à son bord의 위치는 가변적이기 때문이다.
3. avec 91 passagers dont 6 journalistes chinois = 91명의 여행객 중 6명의 중국인 기자와 함께.
- 이 문장은 il y a 6 journalistes chinois parmi 91 passagers의 문장의 뜻임.
4. en direction de는 pour와 같은 의미로 quitter pour(~를 향하여 떠나다)로 동사를 이해하기 바람
5. seulement distante de quelques kilomètres = 단지 몇 킬로미터 떨어져 있는.
- 이것은 Kinmen을 설명하고 있다.

굴랑기우호는 배에 6명의 중국인 기자를 포함하여 91명의 여행객과 함께 로컬시간으로 10시 조금 지나 단지 몇 킬로미터 떨어져있는 킨멘을 향하여 (중국의 남동에 있는) 씨아멘의 항구도시를 떠났습니다.

Ce voyage est une reponse à une première liaison entre Kinmen et Xiamen effectuée le 2 janvier par un navire taiwanais.

- réponse à: ~에 대한 답변
- effctué: 실행된 (타동사 effectuer의 과거분사형으로 형용사의 의미를 갖는다)

1. 기본문장: ce voyage(주어) + est(동사) + une reponse(속사) + à une première liaison = 이 여행은 첫 관계에 대한 답변이다.

이 여행은 대만 선박에 의해 실행 된 킨멘과 씨아멘 (사이를 잇는 첫 항로)사이의 첫 관계에 대한 답변이다.

Cette première liaison entre Taiwan et le continent depuis un demi-siècle, à l'initiative du president taiwanais Chen Shui-bian, avait été acceptée du bout des lèvres par les autorités de Pékin.

- à l'initiative de: ~의 발의로, 중재로, 주도로.
- du bout des lèvres: 마지못해, 억지로.

1. 기본문장: cette première liaison(주어)+ avait été acceptée(수동태 대과거) + par les autorités de Pékin(동작주 보어) = 북경(의) 당국에 의해 타이완과 대륙 간의 이 첫 번째 관계가 받아들여졌다.

- 이 수동태의 문장을 능동태로 바꾸면 les autorités de Pékin avait accepté du bout des lèvres cette première liaison…이 된다. 과거분사 acceptée는 être를 조동사로 취하면서 주어의 성과 수에 일치시키기 위한 것이다.

대만의 대통령 천수빈의 주도로 반 세기이래(만의) 타이완과 대륙 간의 이 첫 관계는 마지못해(마지못해하는) 북경 당국에 의해 받아들여졌다.

Ces dernières exigent que Taipei autorise des liaisons maritimes, commerciales et postales entre le continent et l'île de Taiwan proprement dite, et pas seulement avec Kinmen et une autre île côtière, Matsu.

- maritime: 해상의
- postal(e): 우편의, 우편에 관한
- proprement dite: 정확히 말하여, 엄밀한 의미로, 이른바.
- l'île côtièr(e): 연안의 섬

1. ces dernières: 후자는(북경당국)
2. pas seulement avec Kinmen et une autre île côtière, Matsu = 킨멘 뿐 아니라 연안 섬 맞추도 함께

- autre île côtière 앞에도 avec를 넣어서 해석하기 바람.

3. Ces dernières exigent que = 후자는 que이하를 주장한다.

북경당국은 타이페이가 대만의 섬, 정확히 말하여 킨멘 뿐 아니라 연안 섬 맞추도 함께 대륙과 해상, 상업, 우편에 관한 관계를 허용하는 것을 주장하고 있다.

Mais près d'un mois après avoir accueilli les premiers bateaux taiwanais sur le continent, elles ont donné le feu vert au premier voyage de Chinois du continent vers l'îlot taiwanais de Kinmen, tout en le limitant à la sphère strictement non officielle.

- donner le feu vert à : ~의 행동개시를 허락하다.
- l'îlot: 작은 섬
- en limitant: 제한하면서, ~의 경개를 정하면서
- la sphère : 범위, 영역
- strictement: 엄밀히, 정확히

1. après avoir accueilli = 영접한 후
   après être parti = 출발한 후에

– après +조동사 + 과거분사형의 문장은 과거분사가 조동사를 avoir를 취하느냐 être를 취하느냐에 따라 과거분사 앞의 조동사가 정해진다.

2. elles = les autorités de Pékin(북경 당국)
3. tout en le limitant에서 tout는 강조의 의미임. le는 le premier voyage를 받고 있음.
4. 기본문장: elles(북경당국) + ont donné le feu vert(허용하였다) + au premier voyage de Chinois du continent(간접 목적어) = 북경당국은 대륙의 중국인의 첫 여행을 허용하였다.
5. 어디로: vers l'îlot taiwanais de Kinmen = 킨멘의 대만 섬을 향하여

그러나 대만 최초의 배(들)을 중국 본토에 받아들인 지 거의 한달(만에) 북경 당국은 중국 본토의 중국인에게 엄격하게 비공식적인 범위에서 여행을 제한하면서 킨멘의 대만 섬을 향하여 첫 여행을 허락하였다.

간통으로 처형된 두 여자

현재 아프가니스탄 탈리반 정부아래서 발생하는 사건을 취급하고 있는 Tf1의 2001년 2월 25일(일요일)자 뉴스입니다. 우리가 오늘 보려고 하는 내용은 아프가니스탄에서 있었던 일로 간통죄를 어떻게 다스리나 하는 것입니다.

시작하기 전에 큰 소리로 2번 정도 열심히 읽기 바랍니다.

Deux femmes condamnées à mort par les taliban pour adultère ont été exécutées vendredi devant des milliers de personnes à Kandahar, dans le sud de l'Afghanistan. Dix hommes, eux aussi convaincus d'adultère, ont reçu 39 coups de fouets dans le stade de football de Kandahar et ont été condamnés à des peines de prison variant de six mois à 10 ans, a précisé la radio de la milice des "étudiants en theologie" au pouvoir. Les deux femmes, Wasila et Shogufa, ont été executées pour avoir commis "le crime odieux d'adultère", après que la condamnation à mort eut été approuvé par le mollah Mohamed Omar, le dirigeant suprême des taliban qui réside à Kandahar. La radio n'a pas precisé la manière dont les femmes ont été executés, mais dans le passé les personnes mariées condamnées à mort pour adultère par les taliban ont été généralement exécutées par lapidation. Deux autres femmes ont aussi été flagellées pour les mêmes raisons.

Les taliban, qui contrôlent plus des trois-quarts de l'Afghanistan, ont interdit l'éducation des jeunes filles et le travail des femmes. Les femmes ne sont autorisées à sortir de chez elles qu'avec un burqua, une tunique les recouvrant de la tête aux pieds avec juste une résille devant les yeux. Elle ont un acces aux soins dangeureusement limité. Les taliban ont restauré les "chatiments islamiques" parmi lesquels figurent, outre la lapidation pour adultère, l'ensevelissement vivant des personnes convaincues de relations homosexuelles. Ils imposent aux hommes le port d'une barbe non-taillée.

아프가니스탄 사회의 일면을 보여주는 문장을 하나씩 보도록 합시다.

> Deux femmes condamnées à mort par les taliban pour adultère ont été exécutées vendredi devant des milliers de personnes à Kandahar, dans le sud de l'Afghanistan.

- condamner à mort: 사형을 선고하다.
- condamné(e) à mort: 사형수
- les taliban: 탈리반 사람들 또는 회교급진원리주의자, 탈리반 세력. 고유명사이기 때문에 talibans로 쓰지 않는다. 여기서는 탈리반 사람들보다는 그들에 의해 형성된 정부의 의미이기 때문에 탈리반 정부로 해석한다.
- adultère: 간통의, 불륜의
- exécuter: 사형을 집행하다. 처형하다.

1. 기본문장: Deux femmes (condamnées à mort par les taliban pour adultère) ont été exécutées(수동태 복합과거) = 두 여인이 처형당했다.

- ( )안에 든 내용은 두 여인에 대한 설명이 된다.
- pour는 **이유**를 나타내는 것으로, **간통으로**, 누구에 의해는 par로, **탈리반들에 의해**, condamnées à mort된 두 여인이~.

2. exécutées가 주어인 deux femmes에 일치하고 있음을 주의해서 볼 것.
3. dans le sud de l'Afghanistan은 Kandahar를 설명하고 있다.

> 간통으로 탈리반들에 의해 사형이 선고된 두 여인이 금요일 수천의 사람들 앞에서 아프가니스탄 남쪽에 있는 칸다르에서 처형되었다.

> Dix hommes, eux aussi convaincus d'adultère, ont reçu 39 coups de fouets dans le stade de football de Kandahar et ont été condamnés à des peines de prison variant de six mois à 10 ans, a précisé la radio de la milice des "étudiants en theologie" au pouvoir.

- convaincu(e) de: 확신하는, 믿어 의심치 않는, …이(…의 죄가) 입증된
- coup de fouet: 채찍질
- des peines de prison: 징역형 (la peine de prison à vie: 종신형)
- préciser: 명확하게 말하다. 분명하게 말하다.
- millice: f. 민병대

- théologie: f. 신학
- pouvoir: m. 힘, 능력, 역량, 영향력

1. 기본문장: Dix hommes(주어) + ont reçu(recevoir동사 복합과거) +39 coups de fouets (목적어) = 10명의 남자가 39대의 채찍을 맞았다.
2. Dix hommes, eux aussi convaincus d'adultère에서 eux 는 10인의 남자의 강세형으로 eux aussi는 **그들 또한** 으로 해석이 됨.
3. ont été condamnés의 주어는 dix hommes로 같은 주어의 반복을 피하기 위해 생략이 됐음.
4. variant de six mois à 10 ans에서는 기본적으로 **de ~ à**에 유의하면 된다.(~에서 ~까지)
5. a précisé la radio de la milice…의 문장은 주어 동사가 도치가 된 것으로 la radio de la milice a précisé로 문장을 파악해야한다. 즉 la radio de la milice a précisé que 10 hommes, eux aussi ~de six mois à 10ans.이 된다. 이 경우에는 문장 전체가 la radio…를 주어로 삼아야하고 나머지 문장은 que로 이끌리게 되어 문장의 포인트가 흐려지는 문제가 생긴다.
6. la milice des "étudiants en theologie" au pouvoir는 단어의 연속으로 무척 함축적인 문장이다. 단어를 풀면 étudiants en theologie는 **신학을 공부하는 학생**이라는 의미다. au pouvoir는 **권력을 쥐고 있는**의 의미다. 그러나 여기서는 au pouvoir를 **영향력 있는**으로 해석하는 것이 합당하다. 따라서 **영향력 있는 신학과 학생으로 된 민병대**가 된다. milice des étudiants의 des는 출신이나 동격으로 해석하는 것이 좋다.

간통죄가 입증된10명의 남자들, 그들 역시 칸다르의 축구 경기장에서 39대의 채찍을 맞았고 6달에서 10년까지 다양한 감옥형을 언도 받았다고 영향력 있는 "신학과 학생들"로 된 민병대의 라디오에서 분명하게 말했다.

Les deux femmes, Wasila et Shogufa, ont été executées pour avoir commis "le crime odieux d'adultère", après que la condamnation à mort eut été approuvé par le mollah Mohamed Omar, le dirigeant suprême des taliban qui réside à Kandahar.

- commettre le crime: 죄를 범하다.
- odieux: 가증스러운, 추악한, 역겨운
- approuver: …에 동의하다. 허가하다.
- dirigeant: m. 지도자

■ résider à: ~에 거주하다.

1. 기본문장: Les deux femmes(주어) + ont été executées(executer동사 수동태 과거) + pour(이유) avoir commis(부정법 과거) + "le crime odieux d'adultère"(목적어) = 두 여인은 간통이라는 역겨운 죄를 범했다는 이유로 처형되었다.
- avoir commis는 처형전에 행해진 것으로 문장 성격상 **대과거**가 된다.
- 위의 문장을 시제를 현재로 바꿔 보면 les deux femmes sont executées parce qu'elles avaient commis le crime가 된다. 그러나 이와 같은 문장은 femmes가 que이하에서 elles로 반복이 되고 있어 문장이 무거워지는 경향이 있다. 이럴 때 **pour +부정법**의 용법을 사용하면 반복도 피하고 문장에 속도감을 주게된다.
2. après que la condamnation à mort eut été approuvé par~ = 사형이 ~에 의해 제가 되어진 다음에
- 이 문장의 시제는 전과거로 1의 문장과 연결시켜 보면 **간통(대과거). 제가(전과거). 처형(과거)**의 순이 된다.
3. le dirigeant suprême des taliban qui réside à Kandahar = 칸다르에 거주하는 탈리반 정부의 최고 지도자
- 위의 글은 le mollah Mohamed Omar를 수식해주고 있다.

바질라와 소그파 두 여인은 칸다르에 거주하는 탈리반 정부의 최고 지도자 르 몰하 모하메드 오마르에 의해 사형을 재가 받은 후 간통이라는 역겨운 죄를 범했다는 이유로 처형당했다.

La radio n'a pas precisé la manière dont les femmes ont été executés, mais dans le passé les personnes mariées condamnées à mort pour adultère par les taliban ont été généralement exécutées par lapidation.

■ dans le passé: 과거에
■ lapidation: f. 돌로 때려죽이기, 투석 형벌

1. 이 문장은 mais로 연결이 된 독립된 두 개의 문장으로 mais이하의 기본문장은 다음과 같다. les personnes mariées condamnées à mort(주어) + pour adultère(이유) + ont été exécutées par(수동태 과거) = 간통으로 사형이 언도 된 기혼자들은 ~로 처형되어졌다.
2. la manière dont의 dont는 동사의 보어로 처형되어진 방법이 된다.
3. les femmes는 les deux femmes를 받고 있다.
4. les personnes mariées condamnées à mort = 사형이 언도된 기혼자들.

– 이 문장을 풀어보면 les personnes mariées sont condamnées가 된다. 그러나 여기서 mariées와 condamnées는 personnes의 형용사이기 때문에 끝에 es가 붙는다.

라디오 (방송)는 두 여인이 처형된 방법을 명확히 (상술)하지 않았다. 그러나 과거에 탈리반 정부에 의해 간통으로 사형을 언도 받은 기혼자들은 일반적으로 투석으로 처형되었다.

Deux autres femmes ont aussi été flagellées pour les mêmes raisons.

- flageller: 채찍질하다. 매질하다.
- pour les mêmes raisons: 같은 이유로

1. 시제는 역시 flageller동사 수동태 과거.

다른 두 여인도 같은 이유로 채찍질을 당했다.

Les taliban, qui contrôlent plus des trois–quarts de l'Afghanistan, ont interdit l'éducation des jeunes filles et le travail des femmes.

- trois–quarts: 4분의 3
- contrôler: 감독하다. 감사하다. 통제하다.

1. 기본문장: Les taliban(주어) + ont interdit(interdire동사 과거) + l'éducation et le travail(목적어) = 탈리반 정부는 교육과 노동을 금지했다.

아프가니스탄의 4분의 3을 통제하는 탈리반 정부는 소녀들의 교육과 여성들의 노동을 금지했다.

Les femmes ne sont autorisées à sortir de chez elles qu'avec un burqua, une tunique les recouvrant de la tête aux pieds avec juste une résille devant les yeux.

- autoriser à + inf: ~하는 것을 허가하다.
- chez qn: ~네 집
- burqua: 일종의 긴 두건
- tunique: f. (여자용 웃옷)
- recouvrir: 뒤덮다. 감추다.
- just: 겨우 족한, 빠듯한
- résille: f. 망사

1. 기본문장: Les femmes(주어) + **ne** sont autorisées(autoriser동사 수동태) à sortir de chez elles **qu**'avec un burqua = 여자들은 뷔르카를 쓰고 그녀들의 집에서 나오는 것을 허가받았다.

- ne~que 문장임을 주의.

2. une tunique les recouvrant de la tête aux pieds avec juste une résille devant les yeux = 머리에서 발까지 뒤덮는 눈앞에 빠듯한 망사를 가진 튜닉.

- 이 문장은 burqua에 대한 설명이다.
- recouvrant은 현재분사로 qui revouvre로 해석하면 된다. 또한 문장 가운데 있는 de~à에 유의 할 것.

여자들은 눈앞만 망사로 된 머리에서 발까지 뒤덮는 튜닉인 뷔르카를 쓰고 집에서 나오는 것이 허용되었다.

Les taliban ont restauré les "châtiments islamiques" parmi lesquels figurent, outre la lapidation pour adultère, l'ensevelissement vivant des personnes convaincues de relations homosexuelles. Ils imposent aux hommes le port d'une barbe non-taillée.

- restaurer: 복원하다. 복구하다.
- châtiment: m. 벌, 징벌
- figurer: 나타나다. 실려있다.
- outre: …이외에
- ensevelissement: m. 매장, 매몰
- convaincu(e) de qch: 확신하는, ~의 죄가 입증된
- imposer à qn: ~에게 (규칙을)강요하다. ~에게 (벌을)과하다.
- port: m. 휴대, 착용, 외모
- non-taillée: 자르지 않은

1. 기본문장: Les taliban(주어) + ont restauré(restaurer동사 과거) + les "châtiments islamiques"(목적어) = 탈리반 정부는 이슬람교식 징벌을 복구했다.
2. parmi lesquels figurent에서 lesquels = 이슬람교식 징벌 중에 나타난다.
- 위의 글은 châtiment islamiques를 받고 있다.
- 이 문장을 풀면 parmi les châtiment islamiques figurent가 된다.
- figurer동사의 주어는 la lapidation과 l'ensevelissement이다. 따라서 이 문장은 la lapidation et l'ensevelissement figurent parmi les "châtiment islamiques"이 된다.
  ◦해석: 이슬람교식 징벌 중에 투석과 매장이 나타난다.
3. ils imposent aux hommes…ils은 les talibans 대신하고 있다. aux hommes는 à les hommes의 관사가 축약된 것으로 동성관계에 있는 사람들을 의미한다.

탈리반 정부는 "이슬람교식 징벌"을 복구했다. 그 중에 간통에 투석 이외에 동성연애 관계의 죄가 입증된 사람들의 생매장이 나타난다. 그들은 동성연애자들에게 자르지 않은 수염을 지니게 강요한다.

유전자 변형 물고기

프랑스의 세계적인 환경단체인 그린피스에서 문제삼고 있는 변형된 생선에 대한 내용입니다. 우리의 식탁과 밀접한 관계에 있고 경계가 없는 바다를 무대로 하는 변형 생선이 과연 무슨 문제가 있는지 생각해 보기로 합시다.

Ces pages examinent le développement de poissons transgéniques, qui pourraient prochainement être produits à une échelle commerciale. Elles concluent que le confinement physique de ces poissons ne peut être garanti et que toute dissémination dans l'environnement pourrait avoir des effets dévastateurs sur les populations de poissons sauvages et la biodiversité.
Bien que des poissons transgéniques destinés à la consommation ne soient pas encore sur le marché, les premiers produits pourraient être prêts pour la commercialisation d'ici 2002 si l'autorisation réglementaire est accordée. Depuis le développement des premiers poissons transgéniques, au début des années 1990, les chercheurs en laboratoires et les entreprises d'aquaculture ont concentré leurs efforts sur des poissons transgéniques qui grandiraient plus vite et auraient besoin de moins de nourriture. Beaucoup de groupes de recherche ont introduit avec succès des genes d'hormone de croissance d'origine humaine ou animale dans plusieurs espèces de poissons comme le saumon, la carpe, la truite, le medaka et le tilapia, avec pour conséquence une croissance bien plus rapide que leurs homologues naturels.

내용을 하나씩 보도록 합시다.

Ces pages examinent le développement de poissons transgéniques, qui pourraient prochainement être produits à une échelle commerciale.

- examiner: 조사하다, 관찰하다, 살펴보다.
- poisson: m. 물고기, 생선

- échelle: f. 단계, 체계
- prochainement: 머지않아, 곧

1. poissons transgéniques (qui) pourraient être produits(produire동사 수동태의 조건법 현재로 가정을 말하고 있음) = 생선들은 생산되어질 수 있을 것이다.
- pouvoir동사의 주어를 poissons으로 보는 것은 주어가 le développement이면 pouvoir동사는 3인칭 단수이어야 하나 여기서는 **3인칭 복수**인 것을 주의해야 함.
2. une échelle commerciale = 상업적인 체계에서

이 장은 유전자 변이의 물고기의 발전을 살피고 있다. 이 물고기는 머지않아 상업적이 체계에서 생산되어질 수 있을 것이다. 또는 이 장(면)은 머지 않아 상업적이 체계에서 생산되어질 수 있을 유전자 변이의 물고기의 발전을 살피고 있다

Elles concluent que le confinement physique de ces poissons ne peut être garanti et que toute dissémination dans l'environnement pourrait avoir des effets dévastateurs sur les populations de poissons sauvages et la biodiversité.

- conclure: vi. 결론을 내리다.
- confinement: m. 감금, 구금, 격리
- garantir: 보장하다, 보호하다.
- dissémination: f. 확산, 분산
- l'environnement: m. 환경, 주변
- dévastateur: m. 황폐하게 하는, 유린하는
- population: f. (생태) 개체군, 집단
- biodiversit: f. 다양한 생명체

1. 주절: Elles concluent que = que이하의 것을 결론 내린다.
- que이하의 le confinement physique와 toute dissémination으로 Elles는 ces pages를 받고 있다.
2. 종속절 1: le confinement physique de ces poissons(주어) + ne peut être garanti (garantir동사 수동태) = 이 물고기들의 물리적인 감금은 보장되어질 수 없다.
- * ne + pouvoir + pas + inf. 에서는 pas를 생략할 수 있다.
3. 종속절 2: toute dissémination(종속절의 주어) + pourrait(pouvoir동사 조건법 현재) + avoir(동사보어) + des effets dévastateurs (목적어) = 모든 분산은 황폐한 효과를 만들 수 있을 것이다.

4. sur는 les populations de poissons sauvages와 la biodiversité 두 곳에 걸리고 있다.

이 내용은 물고기들의 물리적인 감금을 보장 할 수 없다는 것과 주변으로의 모든 (이 물고기들) 분산은 천연 물고기들의 집단과 다양한 생명체에 황폐한 효과를 줄 수 있을 것이라고 결론 내린다.

Bien que des poissons transgéniques destinés la consommation ne soient pas encore sur le marché, les premiers produits pourraient être prêts pour la commercialisation d'ici 2002 si l'autorisation réglementaire est accordée.

- déstiner: …의 용도로 마련된
- consomation: f. 소비
- être prêt: 준비되다.
- l'autorisation réglementaire: 합법적인 허가
- accorder: 동의하다, 허락하다, 승낙하다.

1. 기본문장: Bien que des poissons transgéniques(주어) + ne soient pas(être 동사 접속법 현재로 부정문) + encore sur le marché (장소를 나타내는 부사구) = <u>유전자변이 생선들이 아직 시장에 있지 않더라도</u>

– 이 문장에 **접속법이 쓰인 것은 bien que가 문장 앞에 오고 있기 때문임.**

2. 어떤 유전자 변이 생선이냐 하면 destinés à la consommation = <u>소비로(식품의) 용도로 마련이 된 생선을 말한다.</u>

3. les premiers produits(주어) + pourraient (조건법 현재로 가정을 나타냄) + être prêts (동사의 속사이며 **주어의 성과 수에 일치하기 위하여 prêts에 s가** 붙었다) + pour(être prêts pour로 …을 위하여 준비되다) + la commercialisation(목적어) = <u>처음 제품은 상업화를 위하여 준비가 될 것이다</u>.

– les premiers produits는 처음으로 생산되는 유전자 변이 생선을 말하고 있다.

4. 언제: <u>지금부터 2002년까지</u>. d'ici 2002의 표현에는 **d'ici à 2002로 à가 생략**되어 있다.

5. si l'autorisation réglementaire est accordée. = <u>합법적인 허가가 동의되면 첫 생산품은….</u>

– 이 문장은 조건문이며 도치가 된 것이다. 즉 si l'autorisation réglementaire est accordée, les premiers produits **pourraient** être prêts라고 보면 된다.

식용으로 마련된 유전자 변이 생선이 아직 시장에 있지는 않지만(등장하지는 않았지만) 합법적인 허락이 떨어지면 지금부터 200년까지 첫 제품이 상업화를 위하여 준비되어 질 것이다.

Depuis le développement des premiers poissons transgéniques, au début des années 1990, les chercheurs en laboratoires et les entreprises d'aquaculture ont concentré leurs efforts sur des poissons transgéniques qui grandiraient plus vite et auraient besoin de moins de nourriture.

- développement: m. 개발
- au début de: …의 초기에
- laboratoire: m. 실험실, 연구실
- entreprises d'aquaculture: f. 수서 동물 사육(양어장, 양식사업)
- concentrer sur: …을 위하여 집중하다.

1. 기본문장: les chercheurs et les entreprises(주어) + ont concentré (concentrer동사의 복합과거) + leurs efforts(목적어) = 연구자들과 기업가들은 그들의 노력을 집중했다.
2. des poissons transgéniques (qui) grandiraient plus vite et auraient besoin de moins de nourriture. 이 문장도 grandir(자라다)와 avoir besoin de(…가 필요하다) = 유전자 변이 생선은 더 빨리 자랄 것이고 먹이가 덜 필요 할 것이다

– **두 동사가 조건법 현재로 쓰여 가정**을 나타내고 있다.

– * qui는 유전자 변이 생선을 가리키고 있다.

1990년 초, 첫 유전자 변이 생선 개발 후 연구실의 연구자들과 양식업자들은 그들의 노력을 유전자 변이 생선에 집중했다. 이 생선들은 더 빨리 자랄 것이고 먹이도 덜 필요할 것이다. 또는 연구자들과 양식업자들은 더 빨리 자랄 것이고 먹이도 덜 필요 할 유전자 변이 생선에 그들의 노력을 집중했다.(기울였다)

Beaucoup de groupes de recherche ont introduit avec succés des génes d'hormone de croissance d'origine humaine ou animale dans plusieurs espèces de poissons comme le saumon, la carpe, la truite, le medaka et le tilapia, avec pour conséquence une croissance bien plus rapide que leurs homologues naturels.

- introduire: 들어오게 하다, 받아들이다, 주입하다.
- succés: m. 성공, 좋은 성과
- génes: f. 생성, 형성, 기원, 유래

- génes d'hormone de croissance: f. 성장 호르몬
- d'origine: 원산지, 근원
- saumon: m. 연어
- carpe: f. 잉어
- truite: f. 숭어
- medaka: m. 메다카
- tilapia: m. 틸라피아
- pour conséquence: 중대한 결과
- homologue: m. 동족, 동료

1. Beaucoup de groupes de recherche(주어) + ont introduit(동사) des génes d'hormone de croissance d'origine humaine ou animale(목적어) = 많은 연구팀들은 인간 또는 동물이 원산지인(에서 유래하는) 성장 호르몬을 주입했다.
2. avec pour conséquence une croissance bien plus rapide que leurs homologues naturels = 그들의 천연의 동족보다 훨씬 더 빠른 성장을 중대한 결과로 하는

- 이 것은 우선 **bien…que의 비교급의 문장**이다.
- avec pour conséquence는 **중대한 결과와 함께**로 해석 할 수 있다.

많은 연구팀은 성공리에 인간 혹은 동물이 원산지인 성장 호르몬을 그들의 천연의 동족보다 훨씬 더 빠른 성장을 중대한 결과로 하는 연어, 잉어, 숭어, 메카다 혹은 틸라피아 같은 여러 가지의 생선에 주입했다.

조지 부시

43대 미국 대통령이 된 조지 부시에 대한 파리 마치의 기사입니다. 시사적인 내용이 무척 감상적으로 쓰여진 내용입니다. 그러나 문장이 함축적이므로 문장을 풀어서 보는 것이 필요하리라 생각합니다. 그럼에도 해석에 어색한 부분이 나타나고 있는데 직역에서는 피할 수 없는 문제라 하겠습니다. 이처럼 문장이 압축이 된 것을 이해하려면 여러 번 읽는 것이 매우 필요합니다.

Oubliées les polémiques, tout Washington l'a accompagné à la White House

Plus le combat est rude, plus la victoire est douce. Samedi 20 janvier, après un duel électoral chaotique unique en Amérique, George W. Bush est devenu le 43e président des Etats-Unis. Le temps des multiples rituels d'investiture – hommages, bals, serment, parade, visite de la Maison-Blanche… –, l'ancien gouverneur du Texas a pu savourer le triomphe de son clan familial. Mais dés demain il devra faire oublier qu'il n'a pas obtenu la majorité du vote populaire. Comme de coutume, les Américains, confiants dans leurs institutions, accorderont pendant quelques mois l'état de grâce à leur nouveau représentant. Et l'habileté avec laquelle ≪Junior≫ a su constituer son équipe gouvernementale prouve qu'il sait user d'intelligence politique. Le week-end dernier, lors de la passation de pouvoir, il a peut-être réussi le plus difficile : ne pas se faire voler la vedette par Bill Clinton.
2001.1.25

신문과는 다른 스타일의 기사를 자세히 읽으면서 내용을 파악해 봅시다.

Oubliées les polémiques, tout Washington l'a accompagné à la White House.

1. Oubliées les polémiques는 문장을 탄력 있게 시작하기 위하여 도치를 시킨 문장이다. 따라서 이 문장은 les polémiques sont oubliées의 문장이라고 보면 된다. 그러나 기사의 제목으로 논쟁은 잊혀졌다 식의 평탄한 문장은 긴장감을 유발하지 못하고 있다. 반면에 잊혀진 논쟁은 기사의 제목으로 더 적절하다고 하겠다.
2. ,는 여기서 **et의 역할**을 하고 있다.
3. tout Washington l'a accompagné à la White House.에서 tout Washington은 직역하면 모든 워싱턴이 되지만 여기서는 모든 워싱턴 사람을 의미하고 있다. 이것은 신문이나 잡지에서 많이 쓰이는 환유법이다. l'는 accompagné의 목적어로 과거분사 accompagné가 남성형이므로 **l'는 남성으로 조지 부시**를 받고 있다.

잊혀진 논쟁,(그리고) 모든 워싱턴 사람들은 그를 백악관으로 동반했다.

Plus le combat est rude, plus la victoire est douce.

1. plus + ind, plus + ind는 **~하면 할수록 더 ~하다**로 해석한다.

싸움이 거칠면 거칠수록 승리는 더 부드럽다.

Samedi 20 janvier, après un duel électoral chaotique unique en Amérique, George W. Bush est devenu le 43e président des Etats-Unis.

1. après un duel électoral chaotique unique en Amérique의 문장은 unique앞에 mais를 하나 넣고 보면 문장의 의미가 분명해진다. 혼란스런 (그러나) 미국에서 유일한 선거전 다음에의 의미가 된다. 이 문장은 앞과 뒤에 쉼표를 두어 삽입이 된 문장임을 보여주고 있다.
2. 기본문장: George W. Bush(주어) + est devenu(복합과거) + le 43e président des Etats-Unis(속사) = 부시가 미국의 43대 대통령이 됐다.
3. 언제: Samedi 20 janvier = 토요일 1월 20일

1월 20일 토요일, 미국에서 유일하게 혼란스러운 선거전 후에 조지. W. 부시는 미국의 43대 대통령이 됐다.

Le temps des multiples rituels d'investiture – hommages, bals, serment, parade, visite de la Maison-Blanche… –, l'ancien gouverneur du Texas a pu savourer le triomphe de son clan familial.

1. 이 문장은 le temps 앞에 après가 생략됐다고 보면 문장의 의미가 분명해진다.
2. hommages, bals, serment, parade, visite de la Maison-Blanche… = 정중한 인사, 무도회, 선서, 행진, 백악관 방문

– 이 문장은 des multiples rituels d'investiture를 설명해주고 있다.

3. 기본문장: l'ancien gouverneur du Texas(주어) + a pu savourer(복합과거) + le triomphe de son clan familial(목적어) = 전 텍사스의 주지사는 그의 일족의 승리를 맛 볼 수 있었다.

– clan familial은 사전적인 의미로는 가족적인 당파를 의미하지만 이렇게 해석하면 그 의미가 너무 강하므로 일족으로 의미를 완화시켰다.

정중한 인사, 무도회, 선서, 행진, 백악관 방문 등의 다양한 임명 의식의 시간 (다음) 전 텍사스의 주지사는 그의 일족의 승리를 맛 볼 수 있었다.

Mais dés demain il devra faire oublier qu'il n'a pas obtenu la majorité du vote populaire.

1. 기본문장: il(조지 부시) + devra faire oublier(미래) + que = 그는 que 이하를 잊게 해야 할 것이다.
2. que이하: il(부시로 종속절 주어)) + n'a pas obtenu(복합과거) + la majorité du vote populaire(목적어) = 그는 국민 투표의 과반수를 얻지 못했다.

– faire + 동사원형은 laisser + 동사원형과 함께 **사역동사**임.

– 주절의 미래시제와 종속절의 과거시제에 주의 할 것.

그러나 내일부터는 그가 국민투표의 과반수를 얻지 못했다는 것을 잊게 해야 할 것이다. (이 내용은 무척 암시적인 것으로 그의 인기에 많은 노력을 기울어야 할 것이다라는 것을 내포하고 있다)

> Comme de coutume, les Américains, confiants dans leurs institutions, accorderont pendant quelques mois l'état de grâce à leur nouveau représentant.

1. comme de coutume: 늘 하는 대로, 어느 때처럼
2. confiants은 les Américains에 가서 걸리는데 이것은 les Américains qui sont confiants dans…의 문장이다. 해석하면 그들의 제도를 신뢰하는 미국인들은
3. 기본문장: les Américains(주어) + accorderont(미래) + l'état de grâce(직.목) + à leur nouveau représentant(간접 목적어) = 미국인들은 새로운 수반에게 행복의 절정의 상태를 부여(허락) 할 것이다.

- être en état de grâce = 죄가 없다. (비유) 행복의 절정에 있다.

늘 하는 대로, 그들의 제도를 신뢰하는 미국인들은 몇 달 동안은 그들의 새로운 수반에게 행복의 절정의 상태를 허락 할 것이다.

> Et l'habileté avec laquelle ≪ Junior ≫ a su constituer son équipe gouvernementale prouve qu'il sait user d'intelligence politique.

1. avec laquelle은 l'habileté를 받고 있다. 이 문장을 바꿔보면 ≪ Junior ≫ a su constituer avec habileté가 된다. 해석하면 주니어(조지 부시)는 능숙하게 구성 할 줄 안다.
2. 기본문장: l'habileté(주어) + prouve(동사) + que = 능숙함은 que 이하를 증명하고 있다.
3. que 이하: il(부시) + sait(동사) + user(목적어 성격의 부정법) d'intelligence politique = 그는 정치적인 지적 능력을 사용 할 줄 안다.

그의 행정 팀을 구성 할 줄 아는 부시 2세의 능숙함은 그가 정치적인 지적 능력을 사용 할 줄 안다는 것을 증명한다.

> Le week-end dernier, lors de la passation de pouvoir, il a peut-être réussi le plus difficile : ne pas se faire voler la vedette par Bill Clinton.

- lors de: …때에
- se faire + inf: 자기에게서 ~하게 하다.

■ vedette: f. 스타

1. 기본문장: il(부시) + a peut-être réussi(복합과거) + le plus difficile(목적어) = 그는 가장 어려운 것을 성취했다.

- le plus difficile는 정관사 **le가 앞에 옴으로 최상급**인 것을 보여주고 있다. 또한 형용사지만 **최상급이 되면서 명사적인 성격**을 띄고 있다.

2. 가장 어려운 것은: ne pas se faire voler la vedette par Bill Clinton = 빌 클린턴에 의해 자기에게서 스타적인 면을 도둑맞지 않게 하다.

- se faire + inf.는 스스로에게서 …하게 하다는 의미로 수동태적 성격을 가지고 있다.
- vedette는 스타적인 면 이나 세인의 주목을 끌다라는 것으로 이해하는 것이 문장 파악에 도움이 된다.

3. :는 c'est à dire의 의미임.

지난 주, 권력 이양 때, 그는 아마도 다음과 같이 가장 어려운 것을 성공했다: (즉) 빌 클린턴에 의해 자기에게서 스타적인 면을 도둑맞지 않게 하는 것을.

이와 같은 구조이나 어색한 점을 완화하기 위하여 다음으로 문장을 바꾸도록 한다.

- 지난 주, 권력 이양 때, 그는 아마도 빌 클린턴에 의해 자기에게서 스타적인 면을 도둑맞지 않게 하는 가장 어려운 것을 성공했다

광우병 I

광우병에 걸린 사람들의 혈액이 의약품을 만드는데 사용이 되고 더 나아가 수출이 되었다는 내용의 2001년 2월 5일자 기사입니다. 현재 전 세계적으로 문제가 되고 있는 광우병이 음식으로 뿐 아니라 의약품으로 우리의 안전을 위협한다는 차원에서 관심을 가져볼 내용이라고 생각합니다. 생소한 의약 용어가 이 기사를 읽는 데 어려움으로 작용 할 것입니다.

DES MEDICAMENTS issus du sang de trois donneurs britanniques ultérieurement atteints par la variante de la maladie de Creutzfeldt-Jakob (vMCJ), forme humaine de l'encéphalopathie spongiforme bovine ont, selon The Guardian (daté du 5 fevrier), été commercialisés ces dernières années dans 11 pays. Selon le quotidien britannique, plusieurs milliers de patients à travers le monde - ainsi qu'un certain nombre d'hémophiles en Grande-Bretagne - ont pu être traités avec ces produits sanguins entre 1996 et 2000. Pour sa part, le ministère britannique de la santé fait valoir qu'en l'état actuel des connaissances scientifiques le risque de transmission interhumaine de l'agent de l'ESB et de la vMCJ par voie sanguine ne peut être considéré que comme purement théorique.

문장을 하나 씩 보면서 광우병으로 인한 2차 감염에 대한 기사를 분석하기로 합시다.

DES MEDICAMENTS issus du sang de trois donneurs britanniques ultérieurement atteints par la variante de la maladie de Creutzfeldt-Jakob (vMCJ), forme humaine de l'encéphalopathie spongiforme bovine ont, selon The Guardian (daté du 5 fevrier), été commercialisés ces dernières années dans 11 pays.

- issu(e) de: ~에서 나온, 생겨난, 유래하는.
- donneur: 주는 사람. 수여자. donner에서 온 말임.
- atteints par: ~으로 병에 걸린

- ultérieurement: 후일. 뒤에
- la variante de la maladie de Creutzfeldt-Jakob: 변이 크르츠펠트 자콥 병
- l'encephalopathie: 뇌 질환
- bovin(e): 소의
- ces dernières années: 최근 몇 년에

1. 기본 문장: des médicaments(주어) + ont été commercialisés(commercialiser의 수동태 과거형) = 의약품이 상업화되었다.
2. issus du sang de trois donneurs britanniques ultérieurement atteints par la variante de la maladie de Creutzfeldt-Jakob (vMCJ), forme humaine de l'encéphalopathie spongiforme bovine = 후일 변이 크르츠 펠트 자콥으로 병에 걸린 세 명의 영국 혈액 수여자로부터 만들어진 의약품

- 이 문장은 des médicaments를 수식하고 있으며 médicaments이 복수이므로 issus에 s가 붙었다.

3. forme humaine de l'encéphalopathie spongiforme bovine = 소의 스폰지 형태 뇌 질환의 인간형태인 크르츠펠트 자콥병

-이 문장은 la maladie de Creutzfeldt-Jakob와 동격을 이루고 있다.

2월 5일자 가디언지에 의하면 소의 스폰지 형태 뇌 질환의 인간형태인 변이 크르츠펠트 자콥병으로 후일 병에 걸린 세 명의 영국 혈액 수여자로부터 만들어진 의약품이 최근 몇 년에 11개국에서 상업화되었다.

Selon le quotidien britannique, plusieurs milliers de patients à travers le monde - ainsi qu'un certain nombre d'hémophiles en Grande-Bretagne - ont pu être traités avec ces produits sanguins entre 1996 et 2000.

- plusieurs milliers de patients: 환자 수천명
- ainsi que: 마찬가지로
- hémophile: f. 혈우병
- être traité: 치료받다.(수동태에 유의) 전치사 avec는 수단. 방법의 뜻으로 해석
- ces produits sanguins: 이 혈액 제품

1. 기본문장: plusieurs milliers de patientsont(주어) + ont pu être traités (다루어 질 수 있었다) + avec ces produits sanguins(이 혈액 제품으로) = 환자 수 천명이 이 혈액 제품으로 다루어 질 수 있었다.

– traiter동사는 치료받다이지만 여기서는 문장 내용상 그 위험을 말하고 있으므로 다루어지다로 해석하는 것이 타당할 것임.

이 일간지에 따르면 영국에서의 몇몇 혈우병 환자와 마찬가지로 전 세계에 걸쳐 환자 수 천명이 1996년과 2000년 사이에 이 혈액 제품으로 다루어 질 수 있었다.(고 함)

Pour sa part, le ministère britannique de la santé fait valoir qu'en l'état actuel des connaissances scientifiques le risque de transmission interhumaine de l'agent de l'ESB et de la vMCJ par voie sanguine ne peut être considéré que comme purement théorique.

- pour sa part: 그로서는, 측에서는, 입장에서는.
- le ministère britannique de la santé: 영국 보건성
- fait valoir: 주장하다
- en l'état actuel: 현재 상태에서
- transmission interhumaine: 인간 사이의 감염
- l'ESB: l'encéphalopathie spongiforme bovine(소의 스폰지 형태의 뇌 질환)
- cosidérer comme: ~로 간주하다, 생각하다.
- ne que: 일 뿐이다.

1. pour sa part는 le ministère britannique de la santé의 입장을 나타내고 있다. 따라서 영국 보건성, 그로서는으로 해석이 되나 어색하므로 영국 보건성 측에서는으로 해석하기로 하는 것이 좋다.
2. 기본 문장: le ministère britannique de la santé(주어) + fait valoir(동사) +que = 영국 보건성은 que이하를 주장한다.
3. que이하: le risque + peut être considéré(수동태 과거) = 위험이 간주되어 질 수 있다.
4. 어떤 위험: de transmission interhumaine de l'agent de l'ESB et de la vMCJ = ESB와 vMJC의 작용에 의한 인간 사이의 전염

– 이것은 전치사 de로 연결되어 le risque와 동격을 이루고 있다.

영국 보건성 측에서는 현재의 과학 지식으로 혈액을 통한 소의 스폰지 형태의 뇌질환과 변이 크르츠펠트 쟈콥병의 작용에 의한 인간 사이의 전염의 위험은 순전히 이론적인 것으로 간주 될 수 있을 뿐이라고 주장한다.

광우병 II

광우병에 대한 내용의 연속입니다.

≪Les leçons du passé n'ont toujours pas été tirées. Il est déjà assez grave que nous ayons la vMCJ dans notre pays et il est clair que l'ESB à été exportée, mais ceci se situerait encore à un autre niveau≫, a déclaré au Guardian Malcolm Tibbert, président de la Human BSE Foundation, qui représente les familles des victimes de la forme humaine de la maladie de la vache folle. Selon le quotidien britannique, les produits dérivés du sang concernés sont de l'albumine, certaines catégories d'immunoglobulines ainsi que des facteurs coagulants utilisés dans le traitement de l'hémophilie. Les pays concernés par la commercialisation de ces médicaments sont le Brésil, l'Inde, la Turquie, l'Egypte, le Maroc, la Russie, Singapour ainsi que Dubaï, Brunei et Oman. Les autorités sanitaires irlandaises avaient, pour leur part, indiqué il y a quelques semaines qu'un vaccin antipoliomyélitique utilisé en 1998 et 1999, avait été fabriqué à partir d'albumine d'une victime britannique de la vMCJ. Le lot de vaccins concerné fabriqué par la firme EvansMedeva comprenait 83 500 doses.

문장을 하나 씩 보면서 프랑스어로 된 광우병의 문제점을 봅시다.

> ≪Les leçons du passé n'ont toujours pas été tirées. Il est déjà assez grave que nous ayons la vMCJ dans notre pays et il est clair que l'ESB à été exportée, mais ceci se situerait encore à un autre niveau≫, a déclaré au Guardian Malcolm Tibbert, président de la Human BSE Foundation, qui représente les familles des victimes de la forme humaine de la maladie de la vache folle.

- Les leçons du passé: 과거의 교훈
- exporter: 수출하다

■ se situer: 위치하다. 놓여있다. 여기서는 조건법 현재로 쓰여 추측을 의미.

1. Les leçons du passé(주어) + n'ont toujours(여전히) pas été tirées.(tirer동사의 수동태 과거) = 과거의 교훈이 여전히 끄집어 내어지지 못했다.
2. Il est déjà assez grave는 비인칭 구문으로 nous가 진 주어가 된다.
3. que이하에 온 접속법은 화자의 인식을 나타내고 있다. 즉, 우리가 가졌다는 것은 이미 충분히 심각하다.
4. il est claire que도 마찬가지로 비인칭 구문으로 **que이하는 분명하다**의 뜻.
5. 기본 문장: Malcolm Tibbert(주어) + a déclaré(déclarer동사 과거) + les leçons du passé(목적어) ~ = 말콤 티버트는 과거의 교훈 (…) 선언했다.
6. Malcolm Tibbert, président de la Human BSE Foundation = Human BSE 기구의 회장인 말콤 티버트
- présidentd은 Malcolm Tibbert와 동격을 이루고 있다.
7. 말콤 티버트는: qui + représente(동사) + les familles des victimes(목적어) = 희생자들 가족을 대표하는 (말콤 티버트)
8. Human BSE는 forme humaine de l'encéphalopathie spongiforme bovine의 영어 표기임.

Human BSE 기구의 회장이며 광우병의 인간적 형태의 희생자들의 가족을 대표하는 Guardian일간지에 말콤 티버트는 "과거로부터 교훈을 여전히 얻지 못했다. 우리나라에 vMJC가 있다는 것은 이미 충분히 심각한 일이고 ESB가 수출 됐다는 것도 분명한 일이다. 그런데 후자는 게다가 다른 수준에 놓이게 될 것입니다" 라고 선언했다.

Selon le quotidien britannique, les produits dérivés du sang concernés sont de l'albumine, certaines catégories d'immunoglobulines ainsi que des facteurs coagulants utilisés dans le traitement de l'hémophilie.

■ dériver de: ~에서 파생하다, 유래하다. (타동사의 과거분사 형태는 형용사의 성격을 갖는다.)
■ concérner: ~와 관계되다.
■ albumine: 단백질
■ immunoglobuline: 글로블린 면역체
■ facteur coagulant: 응고성 인자
■ ainsi que: ~와 마찬가지로, 그리고
■ hémophilie: 혈우병

1. selon le quotidien britannique = 영국 일간지에 의하면

2. 기본문장: les produits(주어) + sont(동사) + de l'albumine, certaines catégories d'immunoglobulines ainsi que des facteurs coagulants utilisés dans le traitement de l'hémophilie(속사) = 제품은 단백질, 몇몇 종류의 글로블린 면역체 그리고 혈우병의 치료에 사용된 응고성 인자들이다.
- dérivés du sang concernés는 종속절과 같은 성격이나 문장을 가볍게 하기 위하여 주어를 수식하는 형용사로 이끌고 있다.

영국의 일간지에 따르면 연관이 있는 혈액에서 파생된 제품은 단백질, 몇몇 종류의 글로블린 면역체 그리고 혈우병의 치료에 사용된 응고성 인자들이다.

Les pays concernés par la commercialisation de ces médicaments sont le Brésil, l'Inde, la Turquie, l'Egypte, le Maroc, la Russie, Singapour ainsi que Dubaï, Brunei et Oman.

1. 기본문장: les pays sont le Brésil, l'Inde… = 그 나라들은 브라질, 인도…
2. 어떤 나라들: concernés par la commercialisation de ces médicaments = 이 의약품들의 상업화에 관계된(나라들)
3. **ainsi que**는 여기서 **et**와 같은 성격으로 보면 된다.

이 의약품들의 상업화에 연류된 국가들은 브라질, 인도, 터키, 이집트, 모로코, 러시아, 싱가폴, 그리고 두바이, 브르네이, 오만이다.

Les autorités sanitaires irlandaises avaient, pour leur part, indiqué il y a quelques semaines qu'un vaccin antipoliomyélitique utilisé en 1998 et 1999, avait été fabriqué à partir d'albumine d'une victime britannique de la vMCJ.

- les autorités sanitaires: 보건당국
- pour leur part: 그로서는(여기서는 그의 입장, 몫, 차례 같은 것의 뜻으로 보아야함)
- antipoliomyélitique: 소아마비 예방의
- à partir de: ~로부터

1. 기본문장: les autorités sanitaires irlandaises(주어) + avaient indiqué (대과거) + que 이하 = 아일랜드 보건당국은 que이하를 지적했다.
2. que 이하: un vaccin antipoliomyélitique utilisé(주어) + avait été fabriqué(수동태 대과거) = 사용되어진 소아마비 예방약은 만들어진 것이다.

몇 주전에 아일랜드 보건 당국 측은 1998년과 1999년에 사용된 소아마비 예방약은 광우병에 걸린 한 영국의 희생자의 단백질로부터 만들어진 것이라고 지적했다.

Le lot de vaccins concerné fabriqué par la firme EvansMedeva comprenait 83 500 doses.

- le lot: 수량
- comprendre: 포함하다.
- firme: 회사
- dose: 분량

1. 기본문장: le lot de vaccins concerné(주어) + comprenait(반과거) + 83500 doses = 관련 있는 예방주사약의 수량은 8만 3천 5백 개의 분량을 포함하고 있다.
2. 예방주사약은: fabriqué par la firme EvansMedeva = 에반스미디바 회사에 의해 만들어진

- fabriqué는 le lot에 걸리고 있기 때문에 단수 형태의 분사로 쓰여졌다.

에반스미디바 회사에 의해 만들어진 관련 있는 예방주사약의 수량은 8만3천5백 개의 분량을 포함하고 있다.

남편의 귀를 자른 아내

다음 기사는 2001년 7월 6일 AFP 통신이 보내온 것입니다. 여성에 대해 편견이 심하고 여성은 항상 얼굴을 가리고 다녀야하는 이란 사회에서 남편의 귀를 칼로 자른 여성의 이야기는 이란이라는 국가를 조금만 알고 있으면 무척 놀라운 사건임을 알 수 있을 겁니다.

Iran : son mari refuse de lui acheter un manteau, elle lui coupe l'oreille

TEHERAN, 9 juil (AFP) – Une iranienne a coupé l'oreille de son mari qui avait refusé de lui acheter un "roupouch" (manteau islamique), tenue obligatoire pour les femmes en République islamique, a rapporté lundi le quotidien iranien Entekhab.
"Ma femme "Manijeh" m'a coupé l'oreille pendant mon sommeil avec une lame de rasoir juste parce que je ne lui avais pas acheté le manteau qu'elle voulait", a plaidé, devant un tribunal de Téhéran, le mari, cité par le journal et identifié simplement par son prénom, Nasser.

"Je l'ai epousée il y a trois ans, mais depuis le début de notre mariage, nous nous disputons à cause de petites choses, et quelques fois, elle en arrive même à me battre", a-t-il ajouté devant les juges.

"Ma femme est très forte, tellement forte que je ne peux pas lui faire face dans les bagarres. Elle me bat toujours", a indiqué l'homme, précisant que le manteau en question coûtait "très cher"

"Je suis un simple fonctionnaire, je ne gagne pas beaucoup", a-t-il ajouté.

Le tribunal devrait bientôt rendre son jugement, ajoute le journal.

흥미진진한 기사가 아닐 수 없습니다. 자, 기사를 볼까요?

Iran: son mari refuse de lui acheter un manteau, elle lui coupe l'oreille

※ 이것은 기사의 제목에 해당하는 것으로 압축된 내용을 담고 있습니다. 문장을 있는 그대로 해석하면 다음과 같습니다.

그녀의 남편은 그에게 코트를 사주는 것을 거절하고, 그녀는 그의 귀를 자른다.

※ 주의 할 점: **lui acheter un manteau**의 **lui**와 **elle lui coupe l'oreille**의 **lui**는 성격이 다르다는 것이다. 앞의 **lui**는 간접 목적어이고 뒤의 **lui**는 신체를 나타내는 명사 앞에서 소유형용사를 사용하지 않으므로 이 신체의 일부분이 누구의 것인가를 밝혀주기 위해 사용된 것이다.
ex) Je me lave les mains

TEHERAN, 9 juil (AFP) – Une iranienne a coupé l'oreille de son mari qui avait refusé de lui acheter un "roupouch" (manteau islamique), tenue obligatoir pour les femmes en République islamique, a rapporté lundi le quotidien iranien Entekhab.

- tenue: f. 복장, 제복
- obligatoire: 의무적인, 필수적인
- rapporter: 알리다, 보고하다, 인용하다
- refuser de + inf.: …을 거절하다

1. 기본문장: le quotidien iranien(주어) Entekhab(주어 동격) + a rapporté . (rapporter 동사 복합과거) = 이란의 일간지 엔텍하브는 알려왔다.

– 이 문장에는 목적어가 생략되어 있다. 일상적으로 우리가 접하는 문장으로 위의 문장을 바꾸면 이해가 쉬우리라 본다. 즉, le quotidien iranien Entekhab a rapporté (que) Une iranienne a coupé l'oreille de son mari…(한 이란 여인이 그녀의 남편의 귀를 갈랐다고 알려 왔다) 이렇게 문장을 바꾸면 이해하기는 쉬우나 신문 기사가 가지고 있는 요점전달의 힘이 약해지므로 기사의 주제를 앞에다 놓기 위하여 문장이 뒤바뀐 경우이다.

2. son mari(어떤 남편이냐 하면) + qui avait refusé de(de 이하를 거절한 남편으로 refuser 동사의 대과거이다) + lui(간.목으로 그녀에게) + acheter un "roupouch" (manteau islamique)(목적절) = 이슬람식 외투인 루푸슈를 그녀에게 사주는 것을 거절한 남편
3. tenue obligatoire pour les femmes en République islamique = 이슬람 공화국에서 여자들에게 필수적인 복장인

– 이 문장은 repouche에 대한 부가적인 설명으로 동격으로 보면 된다.

6월 9일 테헤란의 AFP 통신 - 한 이란 여인이 이슬람 공화국에서 여자들에게 필수적인 복장인 (이슬람 외투인) 루푸슈를 사주는 것을 거절한 그녀의 남편의 귀를 잘랐다고 월요일 이란의 일간지인 에텍하브지는 알려왔다.

"Ma femme" Manijeh "m'a coupé l'oreille pendant mon sommeil avec une lame de rasoir juste parce que je ne lui avais pas acheté le manteau qu'elle voulait", a plaidé , devant un tribunal de Téhéran, le mari, cité par le journal et identifié simplement par son prénom, Nasser.

- lame de rasoir: f. 면도칼
- plaider: (변호에서) 주장하다
- tribunal: m. 법정, 법원
- citer: 인용하다, 언급하다
- identifier: 신원을 확인하다

1. 기본문장: le mari(주어) + a plaidé (plaider동사 복합과거) + devant un tribunal(부사구) = <u>그 남편은 한 법정에서 주장했다.</u>
2. ma femme m'a coupé l'oreille(복합과거)… parce que je ne lui avais pas acht (대과거로 된 부정문)… = <u>그녀에게 사주지 않았으므로 내 아내가 내 귀를 잘랐다</u>.

– 이 문장에서 주의 할 점은 주절의 동사는 복합과거이고 parce que로 이끌리어 이유를 설명하는 종속절은 시제가 대과거라는 것이다.

3. le menteau qu'elle voulait(반과거) = <u>그녀가 원해오던 외투</u>

"내 아내" 마니예는 "내가 그녀가 원하는 외투를 사주지 않았다고 내가 잠자는 동안 바로 면도칼로 내 귀를 잘랐다."고 신문에 의해 언급되고 단지 나세르라는 이름으로 신원이 확인된 그 남편은 테헤란의 한 법정에서 주장했다.

"Je l'ai epousée il y a trois ans, mais depuis le début de notre mariage, nous nous disputons à cause de petites choses, et quelques fois, elle en arrive même me battre", a-t-il ajoué devant les juges.

- le début de: 시초부터, 처음부터
- se disputer: 다투다, 언쟁하다
- en arriver à + inf.: 마침내 …하게 되다
- juge: m. 판사

1. Je l'ai epousée = 나는 그녀와 결혼했습니다.
- epousée에 e가 하나 더 붙어있으므로 해서 목적어 구실을 하는 **l'가 여성**인 것을 알려주고 있다.
2. a-t-il ajouté devant les juges = 그는 판사 앞에서 덧붙였다.
- 이 문장은 의문문이 아니면서 주어와 동사를 도치시킨 문장으로 평서문처럼 해석하면 된다. 프랑스어로 된 문장에서 흔히 볼 수 있는 문제의 하나이다.

"나는 그녀와 3년 전에 결혼했어요, 그러나 결혼 초부터 우리는 조그만 일로 싸웁니다, 그리고 때때로 그녀는 나를 때리기조차 합니다",라고 그는 판사 앞에서 덧붙였다.

"Ma femme est très forte, tellement forte que je ne peux pas lui faire face dans les bagarres. Elle me bat toujours", a indiqué l'homme, précisant que le manteau en question coûtait "très cher"

- tellement que: 하도…해서…하다
- faire face à q'n/ q'ch: …와 마주 대하다
- bagarre: f. 싸움판, 소란, 주먹다짐
- indiquer: 알려주다
- préciser: 분명하게 말하다
- en question: 문제의

1. Ma femme(주어) + est(동사) + très forte(형용사로 주어 속사) = 내 아내는 매우 건장합니다.
2. tellement forte que는 très forte를 다시 한번 강조하는 역할을 하고 있다. 즉 매우 건장한데, 하도 건장해서…로 해석이 된다.
3. précisant que 이하를 분명하게 말하면서 여기서 précisant은 현재분사로 동시성을 의미하고 있다.

문제의 외투가 매우 비싸다는 것을 분명하게 말하면서 "내 아내는 매우 건장합니다, 하도 건장해서 주먹다짐에서 나는 그녀에게 저항할 수가 없어요. 그녀는 항상 나를 때립니다." 라고 남자는 알려준다.

"Je suis un simple fonctionnaire, je ne gagne pas beaucoup", a-t-il ajouté.

- simple: (명사 앞에서) 보잘 것 없는, 단순한
- fonctionnaire: 공무원
- gagner: 돈을 벌다

"나는 보잘 것 없는 공무원입니다, 돈을 많이 벌지도 않습니다."라고 그는 덧붙였다.

Le tribunal devrait bientôt rendre son jugement, ajoute le journal.

- rendre son jugement: 판결을 내리다

1. Le tribunal(주어) + devrait(추측을 의미하는 devoir동사의 조건법 현재) + rendre son jugement(목적절) = 법원은 판결을 내릴 것이다.

법원은 곧 판결을 내릴 것이라고 신문은 덧붙인다.

구제역

다음 기사는 현재 유럽에서 번지고 있는 구제역에 대한 내용입니다. 광우병에 이어 나타나고 있는 가축의 전염병에 어떻게 대치하는가 보기로 합시다. 이 기사는 3월 초 르 몽드에 실린 것입니다. 신문의 내용을 이해하기 전에 큰 소리로 여러 번 읽기 바랍니다.

Fièvre aphteuse : prévention de rigueur face à de nouveaux foyers

L'Ecosse est à présent elle aussi touchée par l'épidémie de fièvre aphteuse : deux foyers y ont été découverts et un troisième site est soumis à des examens. En Europe, des abattages préventifs de troupeau sont ordonnés en France et en Allemagne.

En Allemagne, le ministère de l'agriculture et de la consommation, a annoncé dans un communiqué, que tous les moutons et chèvres importés de Grande-Bretagne entre le 1er et le 21 février seraient abattus. La ministre Renate Kuenast (écologiste), a signé jeudi 1er mars, en ce sens une ordonnance en urgence, valable jusqu'au 9 mars, se conformant ainsi à la directive de l'Union européenne. Cette mesure concerne également des cerfs et chevreuils domestiques importés de Grande-Bretagne. Elle vise tant les animaux importés directement que ceux arrivés via des pays tiers. Ce jour, 400 moutons ont été abattus dans le Land de Hesse. Ces bêtes, livrées le 16 janvier, étaient issues d'un élevage britannique où avaient été décelés des cas de fièvre aphteuse, a precisé le porte-parole du ministère régional de la santé. Pour la même raison, 1850 moutons avaient déjà été abattus en Allemagne, depuis le mardi 27 février, dans deux exploitations de Réenanie du Nord-Westphalie.

En Belgique, le gouvernement a interdit les sacrifices de moutons prévus à l'occasion de la fête rituelle de l'Aïd el Kébir. Cette décision, visant à éviter tout risque de propagation de l'épidémie de fièvre aphteuse, porte un coup dur à l'importante communauté musulmane (350 à 400 000 personnes) : l'an dernier, pour la seule région de Bruxelles, quelque 25 000 moutons avaient été égorgés et 126 tonnes de déchets de carcasses et d'abats récoltées. Une telle mesure serait susceptible d'être également prise en Allemagne.

기사를 하나 씩 풀어가며 보도록 합시다.

> Fièvre aphteuse : prévention de rigueur face à de nouveaux foyers.

- Fièvre aphteuse: 아프타(아구창)열, 구제역
- prévention: 예방, 대책
- rigueur: être de rigueur의 뜻으로 이해해야 함. …꼭 필요하다.
- face à: …으로 향한, 향하여. cf. faire face à…와 마주 대하다.
- foyer: 온상, 발생지. cf. foyer de contagion 전염병 발생지

1. prévention de rigueur = 예방은 꼭 필요하다.
– la prévention est de rigueur로 해석을 하면 문장이 분명해진다.
2. de nouveaux foyers : 형용사 복수 + 명사 복수 앞의 des는 de가 됨.

아구창 열(구제역). 새로운 온상으로 향한(대해) 예방은 꼭 필요하다.

> L'Ecosse est à présent elle aussi touchée par l'épidémie de fièvre aphteuse : deux foyers y ont été découverts et un troisième site est soumis à des examens.

- L'Ecosse: f. 스코트랜드
- à présent: 지금
- toucher: …에 인접해 있다. (병에)걸려있다.
- l'épidémie: f. 전염병, 유행병.
- site: m. 지역
- soumettre à: …에 따르게 하다.

1. 기본문장: l'Ecosse(주어) + est + à présent(부사) + elle aussi + touchée(수동태 현재) +par l'épidémie de fièvre aphteuse(동작주) = 스코트랜드 역시 지금 구제역이라는 전염

병에 걸려있다.
- elle은 스코트랜드를 받고 있으며 스코트랜드를 강조하기 위해 쓰여졌다.
- 과거분사 touchée가 여성형으로 여성 명사 스코트랜드에 걸리고 있다.
- l'épidémie de fièvre aphteuse의 de는 동격의 de로 ~라는 전염병으로 해석이 된다.

2. : 뒤에 나오는 문장 역시 수동태의 문장으로 시제에 주의 할 필요가 있다. deux foyers y ont été découverts는 수동태 과거형이고 un troisième site est soumis à des examens은 수동태 현재로 et는 결과를 나타내는 역할을 하고 있다.
- 부사 y는 여기서로 해석이 되어 스코트랜드를 가리키고 있다.

스코트랜드 역시 지금 구제역이라는 전염병에 걸려있다. 두 개의 (전염병)발원지가 여기서(스코트랜드) 발견되었고 세 번째 지역이 검사를 받고 있다.

En Europe, des abattages préventifs de troupeau sont ordonnés en France et en Allemagne.

- abattage: m. 도살
- préventif: 예방하는
- ordonner: 명령하다. 지시하다.

1. des abattages préventifs de troupeau(주어) + sont ordonnés(수동태 현재) = 동물에 대한 예방적인 도살이 명령되었다.

프랑스와 독일에서 양에 대해 예방하는(예방 차원의) 도살이 지시되었다.

En Allemagne, le ministère de l'agriculture et de la consommation, a annoncé dans un communiqué, que tous les moutons et chèvres importés de Grande-Bretagne entre le 1er et le 21 février seraient abattus.

- le ministère de l'agriculture: 농업부
- la consomation: 소비
- un communiqué: 공식 성명.
- annoncer un communiqué: 공식 성명을 발표하다.
- la chèvre: 염소, 암염소.

1. 기본문장: le ministère (de l'agriculture et de la consommation) a annoncé que··· = que 이하를 발표했다.
2. les moutons et chèvres importés에서 주의 할 점. mouton은 남성이고 chèvre는 여성이지만 **남성명사 + 여성명사를 꾸미는 형용사는 남성명사에 일치**시킨다. 만약 여성에 일치시키면 importés는 importées가 된다.
3. que 이하는: les moutons et chèvres importés(주어) + seraient abattus = 수입한 양과 염소를 도살 할 것이다.

- 동사는 수동태이며 조동사가 조건법 현재로 **주절의 동사가 복합과거**로 종속절의 수동태 **조건법 현재는 과거에 있어서 미래**를 나타내고 있다.

4. 언제: 2월 1일에서 21일 사이, 어디로부터: 영국으로부터

독일에서 농업 및 소비부는 한 공식 성명에서 2월 1일에서 21일 사이에 영국으로부터 수입한 양과 염소를 도살 할 것이라고 발표했다.

La ministre Renate Kuenast (écologiste), a signé jeudi 1er mars, en ce sens une ordonnance en urgence, valable jusqu'au 9 mars, se conformant ainsi à la directive de l'Union européenne.

- en ce sens: 이런 의미에서
- une ordonnance: 처방, 결정.
- en urgence: 긴급하게, 급히.
- se conformer à: ···에 따르다, 복종하다.
- la directive: 지침, 지침서, 강령.

1. 기본문장: Le ministre(주어) + a signé(signer동사의 복합과거) + une ordonnance(목적어) = 장관은 하나의 처방에 사인을 했다.

- une는 **어떤**이나 **하나의**로 해석이 된다. 이것은 문장의 의미에 따라 결정 할 수 있다.

2. valable jusqu'au 9 mars는 une ordonnance를 꾸미고 있다.
3. se conformant는 동사의 성격을 가진 분사로 qui se conforme로 문장을 바꿔 볼 수 있다.

레나트 크나스트(녹색당원) 장관은 3월 1일 목요일 이런 의미에서 3월 9일 까지 유효한, 따라서 유럽 연합의 지침에 따르는 법령(결정)에 서명을 했다.

Cette mesure concerne également des cerfs et chevreuils domestiques importés de Grande-Bretagne. Elle vise tant les animaux importés directement que ceux arrivés via des pays tiers.

- la mesure: 조치, 대책, 수단.
- concerner: (주어는 사물) …에 관계되다. 관련되다.
- cerf: m. 사슴
- chevreuil: m. 흰꼬리사슴
- viser: 겨냥하다. 조준하다.
- tant que: …와 마찬가지로, …만큼, …도, …도 또한
- via: (=par) …을 통하여, 경유하여.
- tiers: 제삼자의, 제 삼의

1. 기본문장: cette mesure(주어) + concerne des cerfs et chevreuils domestiques importés de …(목적어) = 수입이 된 집에서 기르는 사슴과 흰꼬리사슴에 동시에 관련되고 있다.

- domestiques importés는 앞의 cerfs와 chevreuils에 걸리고 있다.

2. elle는 cette mesure의 대명사 이다.
3. ceux는 les animaux의 반복을 피하기 위해 쓰인 지시 대명사다. 이 문장을 다시 보면 tant les animaux importés…que les animaux arrivés가 된다. 해석하면 도착한 동물만큼 수입한 동물도가 된다.

이 조치는 영국으로부터 수입이 된 집에서 기르는 사슴과 흰꼬리사슴에 동시에 관련이 되고 있다. 이것은 직접 수입된 동물과 마찬가지로 제 3국들을 경유하여 도착한 동물도 겨냥하고 있다.

Ce jour, 400 moutons ont été abattus dans le Land de Hesse.

- Land: 독일 연방의 주

1. 기본문장: 400 moutons(주어) + ont été abattus(수동태 과거) = 400마리 양이 도살되었다.
2. 어디서: dans le Land de Hesse = 헤스주에서

같은 날 헤세 주에서 400마리의 양이 도살되었다.

Ces bêtes, livrées le 16 janvier, étaient issues d'un élevage britannique où avaient été décelés des cas de fièvre aphteuse, a precisé le porte-parole du ministère régional de la santé.

- livrer: 인도하다. 배달하다.
- issue de: (에서) 태어난, (의) 출신의
- élevage: 목축, 사육
- déceler: 알아내다. 간파하다. 적발하다.
- le porte-parole: 대변인

1. 기본문장: ces bêtes(주어) + étaient(반과거) + issues d'+un élevage britannique = 이 가축들은 영국의 한 목장에서 태어난 것들이었다.
2. 이 가축들은: livrées le 16 janvier = 1월 16일 인도된
- 형용사 livrées는 Ces bêtes의 성과 수에 일치하고 있다.
3. 영국은: où avaient été décelés(수동태 대과거) + des cas de fièvre aphteuse(주어) = 거기서 구제역 경우가 적발되었었다.
4. a precisé le porte-parole du ministère régional de la santé = 지방 보건부의 대변인이 강조했다.
- **무엇을**에 해당하는 것은 400 moutons ont été abattus로 문장을 풀이하면 le porte-parole a précisé **que** 400 moutons ont été abattus가 된다.

* 이와 같은 문장구조를 염두에 두고 해석하기 바람.

1월 16일에 배달된 이 가축들은 구제역의 경우로 적발이 되었던 영국의 한 목장에서 태어난 것들이라고 지방 보건부의 대변인이 강조했다(분명히 말했다).

Pour la même raison, 1850 moutons avaient déjà été abattus en Allemagne, depuis le mardi 27 février, dans deux exploitations de Réenanie du Nord-Westphalie.

- exploitation: f. 농장, 목장

1. 기본문장: moutons(주어) + avaient été abattus(수동태 복합과거) = 도살되었다.
2. 어디서: dans deux exploitations de Réenanie du Nord-Westphalie = 레나니 북 웨스트팔리의 두 개의 목장에서
- en Allemqgne의 어디를 구체적으로 설명해주는 지역 이름이다.

같은 이유로 2월 27일 화요일 이래로 독일의 레나니 북 웨스트팔리의 두 개의 목장에서 1850마리의 양이 이미 도살되었다.

En Belgique, le gouvernement a interdit les sacrifices de moutons prévus à l'occasion de la fête rituelle de l'Aïd el Kébir.

- prévu: 예측된, 예정된.
- à l'occasion de: …을 맞이하여, …을 계기로.
- la fête rituelle: 전례 축제, 의식 축제

1. en Allemagne와 마찬가지로 여성국가인 Belgique 앞에서도 전치사 en을 사용한다.
2. 기본문장: le gouvernement(주어) + a interdit(복합과거) + les sacrifices de moutons (목적어) = 정부는 양들의 희생을 금지했다.
3. 어떤 양들: prévus à l'occasion de la fête rituelle = 의례적인 축제를 계기로 예정된

벨기에에서, 정부는 라이드 엘 케비르의 전례축제를 맞이하여 예정된 양들의 희생을 금지했다.

Cette décision, visant à éviter tout risque de propagation de l'épidémie de fièvre aphteuse, porte un coup dur à l'importante communauté musulmane (350 à 400 000 personnes) : l'an dernier, pour la seule région de Bruxelles, quelque 25 000 moutons avaient été égorgés et 126 tonnes de déchets de carcasses et d'abats récoltées.

- viser à + inf.: …을 겨냥하다, …을 노리다.
- éviter: 피하다. 모면하다. 금하다.
- propagation: f. 전파, 보급, 확산
- porter un coup dur à: …에게 심한 일격을 가하다.
- égorger: 목베어 죽이다. 도살하다.
- déchet: m. (흔히 복수로)찌꺼기, 부스러기, 폐기물
- carcasse: f. (짐승의) 해골
- abat: m. 도살

- important: 막대한
- récolter: 수확하다. 모으다. 거두어들이다.

1. 기본문장: Cette décision(주어) + porte(동사) + un coup dur(직.목) à l'importante communauté musulmane(간.목) = 이 결정은 중요한 이슬람교 공동체에 심한 일격을 가한다.
- l'importante의 l'는 communauté의 관사로 정관사 la가 축약이 된 것임.
2. : 는 이 공동체가 받는 타격이 무엇인가를 설명하고 있다. 작년에는 많은 양이 도살됐지만 올해는 불가능하다는 것의 설명이다.
3. quelque 25,000 moutons avaient été égorgés et 126 tonnes de déchets de carcasses et d'abats récoltées에서 récoltées는 앞에 avaient été가 생략된 것이다. 즉 126 tonnes de déchets avaient été récoltées의 문장이나 같은 동사가 반복되는 것을 피하기 위하여 조동사가 생략된 것이다. 이것을 알아내는 방법은 récoltées가 여성형 복수의 형태로서 만약 d'abats에 가서 걸리면 남성 형용사가 되야 하고, de carcasses et d'abats에 가서 걸린다해도 남성형용사 복수가 되야 하기 때문이다. 여성 명사 복수 + 남성 명사 복수일 때 형용사는 남성명사에 일치시킨다.

구제역이라는 전염병의 확산의 모든 위험을 피하는 것을 겨냥하는 이 결정은 중요한 이슬람교 공동체에게(350에서 40만 명인) 큰 타격을 가하고 있다: 작년 부루셀 지역만 해도 대략 2만5천 마리의 양이 도살되었고 126톤의 해골과 도살의 폐기물을 거두어들였다.

Une telle mesure serait susceptible d'être également prise en Allemagne.

- susceptible de + inf.: …의 가능성이 있는, …할 지도 모르는
- être prise: 선택되다. 결정되다.

1. serait susceptible은 조건법 현재로 추측을 나타내고 있음.

이와 같은 대책은 독일에서도 동시에 취해질지도 모른다.

전자상거래

전 세계가 인터넷 통신망의 구축으로 우리가 필요로 하는 물건을 인터넷을 통해 구입하는 시대가 왔습니다. 신용카드의 번호를 인터넷에 기입하면 은행에 갈 필요도 없고 상점에 가지도 않고 물건을 구입하는 편리한 세상에 우리는 속해 있습니다. 그런데 우리는 과연 얼마나 이런 제도에 익숙해져 있으며 얼마나 이것을 신용하는지 의문이 생깁니다. 프랑스의 유명한 언론조사 기관인 Ipsos-Reid에서 조사한 결과 인터넷 사용자의 63%가 인터넷에서 신용카드로 물건을 구입하는 것에 대해 매우 걱정을 한다고 합니다. 다음은 위의 내용에 관련된 기사입니다. 여러 번 읽기 바랍니다.

L'exception française se confirme sur le Web. Avec 63% des Français réticents à l'idée d'utiliser leur carte de crédit pour payer leurs achats sur Internet, la France se place en tête des sceptiques parmi les 16 pays sondés. Toujours selon ce sondage, cette inquiétude empêche les consommateurs de faire des achats sur Internet. 53% des internautes français déclarent qu'en raison de leurs inquiétudes, il est moins probable qu'ils fassent des achats en ligne.

Un danger réel mais sans rapport avec la peur suscitée

"Les craintes de fraude et de détournement de données confidentielles persistent et empêchent des dizaines de millions de clients potentiels de passer de la simple comparaison de prix sur Internet à l'achat en tant que tel", estime Julie Busch, expert chez Ipsos. Selon elle, bien que d'autres sondages indiquent une satisfaction générale à l'égard de l'Internet, "la sécurite et le respect de la vie privée en ligne sont des problèmes persistants".

Les réseaux de cartes de crédit soulignent pourtant que la fraude est inférieure à 1% et que les consommateurs ne sont quasiment jamais tenus pour responsables. Le sondage montre qu'en outre moins de 1% des personnes interrogées ont vécu une mauvaise expérience ou connaissent une victime de fraude sur Internet.

자, 문장을 하나씩 보도록 할까요.

L'exception française se confirme sur le Web.

- se confirmer : 확인되다. 대명동사로 수동태적인 성격.

웹 상에서 프랑스인의 이례적인 일이 확인되었다.

Avec 63% des Français réticents à l'idée d'utiliser leur carte de crédit pour payer leurs achats sur Internet, la France se place en tête des sceptiques parmi les 16 pays sondés.

- réticent à : 주저하는, 망설이는
- l'idée de + inf : …을 한다는 생각
- carte de crédit : f. 신용카드
- achat : m. 물건사기, 구입
- se placer en tête : …의 선두에 자리하다
- sceptique : 회의적인(사람), 회의주의
- sonder : 조사하다

1. Avec 63% des Français réticents à l'idée d'utiliser leur carte de crédit = 그들의 신용카드를 사용한다는 생각에 주저하는 프랑스인 63%로

– 이 문장은 상황 보어 절로 이해할 수 있다. 여기서 **avec는 …으로라는 조건, 이유, 결과**를 말한다.

– 이 문장의 주어에 해당하는 des Français (qui sont) réticents은 3인칭 복수이므로 소유형용사가 leur가 된다.

2. 무엇을 하기 위하여: pour payer leurs achats sur Internet = 인터넷으로 그들의 구매를 지불하기 위하여

– leurs achtas에서 leurs에 s가 붙은 것은 목적어에 해당하는 achats가 복수이므로 단어의 수에 일치하기 위한 것이다.

3. 기본문장: la France(주어) + se place(동사) + en tête des sceptiques (부사구) = 프랑스는 회의적인 사람들 중 선두에 자리하고 있다.

– des sceptiques는 형용사이지만 관사를 가지고 복수로 쓰여 **명사화 된 형용사**라고 하

겠다. 부정관사 전치사 de + les의 성격을 가지고 있다고 하겠다.
4. 무엇을 기준으로 : parmi les 16 pays sondés. = 조사 된 16개국 가운데

인터넷상에서 그들의 상품구매를 지불하기 위하여 신용카드를 사용한다는 생각에 주저하는 63%의 프랑스인으로 인하여 프랑스는 조사된 16개국 가운데 (많은)회의적인 사람들로 선두를 지켰다.

Toujours selon ce sondage, cette inquiétude empêche les consommateurs de faire des achats sur Internet.

- toujours : 여전히
- sondage : m. 조사
- empêcher q.n de + inf : …가 …하는 것을 방해하다
- faire des achats : 쇼핑하다, 장보다

1. 기본문장 : cette inquiétude(주어) + empêche de faire des achats = 이 걱정은 쇼핑하는 것을 방해한다.
2. sur internet: 인터넷(상)에서

여전히 이 여론에 의하면, 이와 같은 걱정은 소비자들이 인터넷상에서 물건을 구입하는 것을 방해하고 있다.

53% des internautes français déclarent qu'en raison de leurs inquiétudes, il est moins probable qu'ils fassent des achats en ligne.

- internaute: n. 인터넷 사용자
- déclarer: 표명하다, 말하다
- en raison de: …이유로, …탓으로
- il est moins probable que + sub.: 아마 …할 것 같지 않다
- en ligne: 중앙 처리 장치와 연결 된 (인터넷상으로)

1. 53% des internautes français(주어) + déclarent(동사) + que = 53%의 프랑스의 인터넷 사용자는 que이하를 말하고 있다.
2. que이하는: qu'il est moins probable qu'ils fassent des achats en ligne = 아마도 그들이 전선으로 쇼핑을 할 것 같지 않다는 것을

– 비인칭 구문으로 주어는 les français로 ils로 받고 있다.

53%의 프랑스의 인터넷 사용자는 그들의 걱정으로 인해 전선(인터넷)으로 아마도 쇼핑을 할 것 같지 않다고 말하고 있다.

Un danger réel mais sans rapport avec la peur suscitée

- susciter : 야기되다
- sans rapport : 관련 없는

1. 기본문장 : Un danger(주어) +suscitée(주어 속사) = 야기된 위험.
이 문장은 être동사가 생략된 것 같은 문장이다. 이처럼 동사가 생략된 문장은 주로 동사가 들어가면 문장이 쉽게 풀어진다. 그러나 동사를 생략하면서 얻어지는 것은 무척 함축적인 느낌의 효과이다.
즉, un danger est éel mais sans rapport avec la peur suscitée와 비교해 보면 알 수 있을 것이다.

사실이지만 관계가 없는 공포로 야기된 위험.

"Les craintes de fraude et de détournement de données confidentielles persistent et empêchent des dizaines de millions de clients potentiels de passer de la simple comparaison de prix sur Internet à l'achat en tant que tel", estime Julie Busch, expert chez Ipsos.

- fraude : m. 사기
- détournement : m. 횡령
- donnée : f. 자료, 정보
- confidentiel(le) : 비밀의
- persister : 고집하다, 지속하다
- potentiel : 잠재적인, 가능성을 지닌
- en tant que tel : …그것으로서, 그 자체로서
- expert : m. 전문가

1. 기본문장: Les craintes(주어) + persistent et empêchent(동사) des dizaines de millions

de clients potentiels(목적어) = 두려움은 지속되고 수천만의 잠정적인 고객이 …하는 것을 방해한다.

- 이 문장은 les craintes persistent et les craintes empêchent de…로 파악해야한다.

2. 어떤 두려움: de fraude et de détournement de données confidentielles = 비밀 자료의 사기와 횡령(의 두려움)
3. …하는 것을: de passer de la simple comparaison de prix sur Internet à l'achat en tant que tel = 인터넷 상에서 가격의 단순한 비교에서 구매까지 그 자체로 이행하는 것을
4. 누가 이렇게 말하는가: estime(동사) + Julie Busch(주어), expert chez Ipsos(주어와 동격) = Ipsos의 전문가인 쥘리 뷔슈는 평가한다.

- 이 문장은 삽입된 것과 같은 구실을 하기 때문에 주어 동사가 도치되어 있다.

"비밀 자료에 대한 사기와 횡령에 대해 두려움은 지속되고 수천만의 잠정적인 고객들이 인터넷 상에서 가격의 단순한 비교에서 구매까지 그 자체로 이행하는 것을 방해한다"고 Ipsos의 전문가인 쥘리 뷔슈는 평가한다

Selon elle, bien que d'autres sondages indiquent une satisfaction générale à l'égard de l'Internet, "la sécurite et le respect de la vie privée en ligne sont des problèmes persistants".

- bien que + sub. : 비록 …일지라도
- indiquer : 정보를 주다, 표시하다
- général : 일반적인
- à l'égard de : …에 관하여
- la vie privée : 사생활

1. 양보절: bien que d'autres sondages(주어) + indiquent(동사. 접속법) + une satisfaction générale(목적어) = 다른 의견들이 전반적인 만족을 표시하다.
2. à l'égard de l'Internet = 인터넷에 대하여
3. 기본문장: la sécurite et le respect de la vie privée(주어) + sont(동사) des problèmes persistants(목적어) = 사생활에 대한 안전과 존중은 지속되는 문제들이다.

- 여기서 de는 …에 대하여, …에 관하여의 뜻으로 보아야 함

4. 어디서 : en ligne = 전산망에서

그녀에 의하면, 비록 다른 의견들이 인터넷에 대해 전반적인 만족을 표시하더라도 전산망에서 사생활에 대한 안전과 존중은 지속되는 문제다. (인터넷 상에서 사생활이 보호받기 어렵다는 의미)

Les réseaux de cartes de crédit soulignent pourtant que la fraude est inférieure à 1% et que les consommateurs ne sont quasiment jamais tenus pour responsables.

- inférieur à : …보다 적은
- consommateur : m. 소비자
- quasiment : 거의, 말하자면
- tenir : 구속하다, 알아내다, 파악하다

1. 기본문장 : Les réseaux de cartes de crédit(주어) + soulignent(동사) = 신용 카드 망은 que이하를 강조한다.
2. (que) la fraude(종속절의 주어) + est(동사) + inférieure à 1%(속사) = 사기는 1% 미만이다.
3. et que les consommateurs(que로 이끌린 두 번째 종속절의 주어) + ne(부정의 ne) + sont(동사) + jamais(부정의 jamais로 pas와 같은 구실) tenus(tenir동사 과거 분사로 être동사를 조동사로 하고 있는 수동태) + pour responsables(주어 속사) = 그리고 소비자들은 결코 책임자로 간주되지 않는다.

– 여기서 responsable는 명사의 성격을 가지고 있다.

그러나 신용 카드 망은 사기는 1% 미만이고 소비자들은 결코 책임자로 간주되지 않는다고 강조한다.

Le sondage montre qu'en outre moins de 1% des personnes interrogées ont vécu une mauvaise expérience ou connaissent une victime de fraude sur Internet.

- en outre : 게다가, 그리고 또
- interroger : 질문하다

1. 기본문장 : Le sondage(주어) + montre(동사) = 설문은 que이하를 알려준다.
2. que이하는: moins de 1% des personnes interrogées(종속절의 주어) + ont vécu(vivre동사 복합과거) + une mauvaise expérience(목적어) ou connaissent(1% 미만의 사람들의 동사) + une victime de fraude (목적어) = 설문 조사자의 1% 미만의 사람들이 나쁜 경험을 했거나 사기의 피해를 알고 있다.

– 주의 할 점은 vivre동사는 복합과거로 경험의 영역을 말하고 있고 connaître동사는 인식

의 영역으로 남아 있기 때문에 현재시제로 표현하고 있다는 것이다.

3. 어디서 : sur Internet = 인터넷에서

게다가 설문지는 설문 조사자의 1% 미만(만)이 인터넷에서 나쁜 경험을 했거나 사기의 피해를 알고 있다고 알려준다.

프랑스 총리

프랑스 국무총리 리오넬 죠스팽이 2001년9월 27일 Oest-France지와의 인터뷰에서 아프가니스탄이 테러리즘의 은신처 역할을 한 것에 대해 비판을 하며 테러리즘은 해결해야하는 문제이며 프랑스는 군사행동에 참가할 준비가 됐다는 내용입니다. 전 세계가 뉴욕과 워싱턴이 당한 테러에 시선을 집중하고 있는 이 때에 프랑스의 입장은 어떤지 보기로 합시다.

Lionel Jospin désigne jeudi l'Afghanistan des taliban comme la principale cible de la riposte aux attentats du 11 septembre. Dans un entretien accordé au quotidien Ouest-France, il affirme que le problème de ce pays, "sanctuaire du terrorisme", doit être "résolu".

Disponibilité et souveraineté françaises

Le Premier ministre annonce qu'un débat devrait avoir lieu dès mercredi prochain à l'Assemblée nationale sur la "nouvelle situation internationale créée par ces événements tragiques" et "des conditions dans lesquelles notre pays s'y trouve engagé". Balayant toute idée de "réticence" française vis-à-vis d' une action militaire aux côtés des Etats-Unis, Lionel Jospin précise : "Nous avons dit à nos amis américains ce qui nous paraît souhaitable ou au contraire risqué. Nous avons déclaré notre disponibilité. Il restera à décider souverainement du principe et des formes éventuelles d'un engagement, si celui-ci nous est demandé".
Affirmant que certains Etats doivent "cesser d'être complices ou complaisants" avec le terrorisme, le chef du gouvernement ajoute : "le fait que l'Afghanistan apparaisse comme un sanctuaire du terrorisme pose une question qui va, sans doute, trouver sa réponse". Pour Lionel Jospin, le régime des taliban, qui "n'est pas reconnu par les Nations Unies", "avoue ses liens étroits avec ben Laden et ses groupes" et "impose aux Afghans -et plus encore aux Afghanes- des formes d'organisation politique et sociale insupportables". Et d' insister : "D'une façon ou d'une autre, mais en épargnant des populations qui ont déjà trop souffert, ce

problème doit être résolu".

Ben Laden mis en cause

Interrogé sur la responsabilité d'Oussama ben Laden, il indique qu'une "série d'indices met en cause le groupe ben Laden et d'autres, qui ne lui sont pas forcément liés". Le Premier ministre assure de nouveau que les autorités n'ont "pas d'informations nous laissant penser que la France serait visée, même si l'on sait que des objectifs américains pouvaient être concernés".
Mais il réaffirme le devoir de "vigilance" et, outre le plan Vigipirate renforcé, de sécurisation "de tous les dispositifs essentiels du pays". Quant aux "interpellations réalisées dans les réseaux islamistes intégristes", elles "témoignent de la volonté de l'Etat, du gouvernement, que soit conduite d'une main ferme l'action de la justice et de la police contre la menace terroriste", souligne Lionel Jospin.

프랑스의 입장을 볼까요?

Lionel Jospin désigne jeudi l'Afghanistan des taliban comme la principale cible de la riposte aux attentats du 11 septembre.

- désigner: 지적하다
- principale: 주된, 중요한, 중심적인
- cible: f. 표적, 대상
- riposte: f. 반격, 응수
- riposter à: …에 말대꾸하다, 응수하다, …에 반격하다

1. 기본문장: Lionel Jospin(주어) + désigne(동사) + l'Afghanistan des taliban(목적어) = <u>리오넬 죠스팽은 탈리반들의 아프가니스탄을 지적하고 있다.</u>
2. 무엇으로: comme la principale cible = <u>중심적인 표적으로</u>
3. 무엇에 대해: de la riposte aux attentats du 11 septembre = <u>9월 11일 공격에 반격의</u>

목요일 리오넬 죠스팽은 탈리반 정부의 아프가니스탄을 9월 11일 공격에 반격의 주된 표적으로 지적하고 있다.

> Dans un entretien accordé au quotidien Ouest-France, il affirme que le problème de ce pays, "sanctuaire du terrorisme", doit être "résolu".

- entretien: m. 인터뷰
- accorder à: …에게 허락하다
- affirmer: 단언하다, 주장하다
- sanctuaire: m. 성전, 성역
- résoudre: 용해하다, 해결하다

1. Dans un entretien accordé au quotidien Ouest-France = 우에스트- 프랑스 일간지에 허락된 인터뷰에서
2. 기본문장: il(총리) + affirme(동사) + que = 그는 que이하를 주장하다
3. que이하: le problème de ce pays(종속절 주어) + "sanctuaire du terrorisme"(주어 동격) + doit(devoir동사로 의무) + être "résolu"(résoudre동사 수동태 현재) = 테러리즘의 성역이라는 이 나라의 문제는 해결되어져야 한다.

> 우에스트-프랑스 일간지에 허락된 인터뷰에서 그는 테러리즘의 성역이라는 이 나라의 문제는 해결되어져야 한다고 주장하고 있다.

Disponibilité et souveraineté françaises
프랑스 국민의 배려와 주권

> Le Premier ministre annonce qu'un débat devrait avoir lieu dès mercredi prochain à l'Assemblée nationale sur la "nouvelle situation internationale créée par ces événements tragiques" et "des conditions dans lesquelles notre pays s'y trouve engagé".

- avoir lieu: 거행되다
- s'engager à: …의[…할] 의무를[책임을] 지다

1. 기본문장: Le Premier ministre(주어) + annonce (동사) +que이하 = 국무총리는 que 이하를 알리고 있다.
2. que이하: un débat(종속절 주어) + devrait(devoir동사 조건법 현재로 추측) + avoir lieu(부정법) = 토론이 행해져야 할 것이다.
3. 언제부터: dès mercredi prochain = 다음 수요일부터

4. 어디서: à l'Assemblée nationale = 국회에서
- 전치사 à는 여기서 장소를 표시하고자 사용하고 있다.
5. 무엇에 대해: sur la "nouvelle situation internationale créée par ces événements tragiques" = 이 비극적인 사건에 의해 만들어진 새로운 국제적인 상황에 대해
- 과거분사 créée는 situation이 여성명사이므로 e가 더 붙었다.
6. et = 그리고
7. "des conditions dans lesquelles notre pays s'y trouve engagé" 이문장은 notre pays(주어) + s'y trouve(동사) + engagé(속사) + dans des conditions(상황보어) = 우리의 조국이 여기서 책임을 져야하는 조건에 대해
- dans lesquelles은 des conditions을 가리키고 있다.
- des conditions에서 **des**는 **de+les**로 보아야 한다. 여기서 **de**는 **…에 대해**의 의미이기 때문이다. 즉 sur와 des는 똑같이 …에 대해로 해석하면 된다.

국무총리는 다음 주 수요일부터 "이 비극적인 사건이 만들어낸 새로운 국제적인 상황과 우리의 조국이 여기에서 책임져야 할 조건에 대해" 국회에서 토론이 행해져야 할 것이라고 알려주고 있다.

Balayant toute idée de "réticence" française vis-à-vis d' une action militaire aux côtés des Etats-Unis, Lionel Jospin précise : "Nous avons dit à nos amis américains ce qui nous paraît souhaitable ou au contraire risqué. Nous avons déclaré notre disponibilité.

- balayer: 일소하다, 걷어치우다
- réticence: f. 주저, 망설임
- vis-à-vis de: …에 대하여
- à côté de: …옆에서
- disponibilité: f. 대기, 대기 중, 대기 중에 있음

1. 부사구: Balayant(현재분사) + toute idée de "réticence" française(목적어) = 프랑스의 주저하는 모든 생각을 일소하면서
- 여기서 현재분사 blayant는 동시성으로 위의 문장을 다음과 같이 보면 이해가 잘 되리라 본다. Lionel Jospin, qui balaitoute idée de "réticence" française … des Etats-Unis, précise: "Nous avons dit…"
2. 무엇에 대해: vis-à-vis d' une action militaire aux côtés des Etats-Unis = 미국 옆에서 군사 행동에 대해

3. 기본문장: Lionel Jospin(주어) + précise (동사) = 리오넬 죠스팽은 (다음과 같이) 밝히고 있다
4. : = c'est –à–dire. 즉
5. : 다음에 온 직접화법: Nous(주어) + avons dit(동사) + à nos amis américains(간.목) = 우리는 우리의 미국인 친구들에게 말했습니다.
6. ce(목적어) + qui(관계대명사) + nous(간.목) + paraît(목적어) + souhaitable ou au contraire risqué(목적어 속사) = 우리에게 바람직하거나 반대로 위험스러운 것을
7. Nous(주어. 프랑스) + avons déclaré(동사. 복합과거) + notre disponibilité (목적어) = 우리는 우리가 할 수 있는 것을 선언했습니다.

미국 옆에서 군사 행동에 대해 프랑스의 "주저하는" 모든 생각을 일소하면서 리오넬 죠스팽은 다음과 같이 밝히고 있다. "우리에게 바람직하게 보이거나 반대로 위험스럽게 보이는 것을 우리는 우리의 미국인 친구들에게 말했습니다. 우리는 우리가 할 수 있는 것을 선언했습니다.

Il restera à décider souverainement du principe et des formes éventuelles d'un engagement, si celui–ci nous est demandé".

- rester à + inf.: …해야 할 것으로 남아 있다.
- souverainement: 더할 바 없이, 지극히, 주권을 가지고
- éventuel(le): 있을 수 있는, 일어날 수도 있는, 가능성 있는
- engagement: m. 결투 개시, 병역 지원

1. 기본문장: Il restera à décider(비인칭 구문으로 décider가 진주어) + du principe et des formes d'un engagement(목적어) = 병역 지원의 형태와 원칙을 정해야 하는 것이 남아 있습니다.
2. 조건절: si celui–ci(위의 문장을 받고 있음) + nous(간.목) + est demandé (수동태 현재) = 이것이(병역지원) 우리에게 요구된다면.

– 구어체에서 조건문은 [si+동사현재], [주어+동사 미래]의 형태를 많이 사용한다.

우리에게 병역지원이 요구되어 진다면 병역 지원에 대한 가능성 있는 형태와 원칙을 주권을 가지고 정해야 하는 것이 남아있습니다."

Affirmant que certains Etats doivent "cesser d'être complices ou complaisants" avec le terrorisme, le chef du gouvernement ajoute : "le fait que l'Afghanistan apparaisse comme un sanctuaire du terrorisme pose une question qui va, sans doute, trouver sa réponse".

- cesser de + inf.: …하기를 그치다
- complice: adj. 공범인, 공모자인
- complaisant: adj. 관대한

1. Affirmant que = que 이하를 주장하며
- 현재분사 affirmant은 le chef du gouvernement을 주어로 하고 있다. 이 문장을 다르게 보면 le chef du gouvernement, qui affirme que certains….avec terrorisme, ajoute가 된다.
2. 현재 분사의 목적절: certains Etats(주어) + doivent(조동사) + "cesser(본동사) + d'être complices ou complaisants"(주어속사) = 몇몇 나라들은 공범이거나 관대한 것을 멈춰야한다.
3. 기본문장: le chef du gouvernement(주어) + ajoute(동사) = 정부의 우두머리는 덧붙이고 있다
4. : **다음과 같은 것**을
5. le fait que + ind/sub = que 이하라는 사실
6. que로 이끌리는 종속절: l'Afghanistan(주어) + apparaisse comme(접속법 현재) + un sanctuaire du terrorisme = 테러리즘의 성역 처럼 보이는
7. :이하의 주절: le fait(주어) + pose(동사) + une question(목적어) = 사실은 의문을 제기한다.
8. 어떤 의문점: qui va trouver sa réponse. = 그의 해답을 발견 할 것이다

"몇몇 나라들은 공범이거나 관대한 것을 멈춰야한다"고 주장하며 정부의 우두머리는 다음과 같이 덧붙이고 있다: "아프가니스탄이 테러리즘의 성역처럼 보인다는 사실은 의문을 제기하는데 이것은 아마도 그의 해답을 발견할 것이다."

Pour Lionel Jospin, le régime des taliban, qui "n'est pas reconnu par les Nations Unies", "avoue ses liens étroits avec ben Laden et ses groupes" et "impose aux Afghans –et plus encore aux Afghanes– des formes d'organisation politique et sociale insupportables".

- régime: m. 제도
- insupportable: 견딜 수 없는, 역겨운

1. Pour Lionel Jospin = 리오넬 죠스팽에게 있어
2. 기본문장: le régime des taliban(주어) + avoue(동사) + ses liens(목적어) + et + impose(동사) + aux Afghans(간.목) + des formes d'organisation politique et sociale (직.목) = 탈리반 제도는 그들의 관계를 고백하고 있고 아프가니스탄 사람들에게 정치와 사회 구조의 형태를 강요하고 있다.
3. 어떤 탈리반: qui(탈리반) + n'est pas reconnu(reconnaître동사 수동태 현재) + par les Nations Unies(동작주) = U.N에 의해 인정받지 못하는

리오넬 죠스팽에게 있어 "U.N에서 의해 인정받지 못하는" 탈리반 제도는 "벤 라덴과 그의 단체들과 그들의 긴밀한 관계를 고백하고 있고" 아프가니스탄 사람들에게 - 특히 아프가니스탄 여자들에게 더욱 - 견딜 수 없는 정치와 사회 구조의 형태를 강요하고 있다

Et d’insister : "D'une façon ou d'une autre, mais en épargnant des populations qui ont déjà trop souffert, ce problème doit être résolu".

- insister: 간청하다
- une façon ou d'une autre: 어떻게 해서든지, 어차피
- épargner: 피해를 입히지 않다

1. Et d’insister = 그리고 주장한다.

− 전치사 de는 부정법에 사용된 것이다. 이것을 서술의 부정법이라 한다.

2. : **다음과 같이**
3. 기본문장: ce problème(주어) + doit(조동사) + être résolu(수동태 현재) = 이 문제는 해결되어야 한다.
4. gérondif: en épargnant des populations = 국민에게 피해를 입히지 않으면서
5. qui(국민) + ont souffert(souffrir동사 복합과거) = 고통을 받고있는

(리오넬 죠스팽은) 그리고 주장한다: 이미 너무 고통을 받은 국민들에게 피해를 입히지 않으면서 그러나 어쨌든 이 문제는 해결되어야 한다.

Ben Laden mis en cause
고발된 벤 라덴

Interrogé sur la responsabilité d'Oussama ben Laden, il indique qu'une "série d'indices met en cause le groupe ben Laden et d'autres, qui ne lui sont pas forcément liés".

- interroger sur: …에 대해 질문하다
- indiquer: 지적하다
- indice: m. 징후, 실마리
- mettre en cause: …을 고소하다
- forcément: 강제로, 억지로, 불가피하게

1. Interrogé(과거분사로 형용사 처럼 쓰이고 있다) sur la responsabilité d'Oussama ben Laden = <u>오사마 벤 라덴의 책임에 대한 질문에 대해</u>
2. 기본문장: il(국무총리) + indique(동사) + que = <u>그는 que이하를 지적하고 있다.</u>
3. que이하는: une "série d'indices(종속절 주어) + met en cause(동사) + le groupe ben Laden et d'autres(목적어) = <u>일련의 실마리가 벤 라덴과 다른 집단을 고발하고 있다.</u>
3. d'autres는: qui(다른 집단) + ne lui(오사마 벤 라덴) + sont pas liés(lier동사 수동태 현재) = <u>그와 연결되지 않은</u>

오사마 벤 라덴의 책임에 대한 질문에 대해 일련의 실마리가 벤 라덴과 그와 불가피하게 연결되지 않은 다른 집단을 고발하고 있다고 그는 지적하고 있다.

Le Premier ministre assure de nouveau que les autorités n'ont "pas d'informations nous laissant penser que la France serait visée, même si l'on sait que des objectifs américains pouvaient être concernés".

- assurer: 확실하게 하다
- viser: 겨냥하다, 노리다, 목표로 삼다
- objectif: m. 목적, 목표
- même si + 반과거: …일지라도
- concerner: …에[와] 관계되다

1. 기본문장: Le Premier ministre(주어) + assure(동사) + que = <u>que이하를 국무총리는 확실하게 하고 있다</u>

2. que이하는: les autorités(종속절 주어) + n'ont "pas(동사) + d'informations(목적어) = 정부는 정보를 가지고 있지 않다.
- 목적어 informations의 관사는 부정문이 되면서 de가 됐고, 관사 축약으로 d'informations이 됐다.
3. nous laissant penser que = que이하로 우리를 생각하게 만드는
- 이 문장은 laissant이 동사적인 분사이므로 다음과 같이 볼 수 있다. d'informations qui nous laissent penser que…
- **laissant penser**는 laisser가 어떤 형태든 그 다음에 동사원형이 오고 있으므로 **laisser + inf.로 사역동사이다**
4. que이하는: la France(주어) + serait visée(viser동사 수동태로 조건법 현재) = 프랑스가 목표가 될 것이다(라는 가정)
5. 양보절: même si des objectifs américains(주어) + pouvaient(조동사) + être concernés (concerner동사 수동태 과거) = 미국의 목표와 관계가 될 수 있을 지라도

"미국의 목표와 (프랑스가) 관계가 될 수 있다는 것을 알고 있을 지라도 프랑스가 (테러의)목표가 될 것이다(라는 가정으)로 우리를 생각하게 만드는 정보를" 정부는 가지고 있지 않다고 국무총리는 다시 확실하게 (말)하고 있다.

Mais il réaffirme le devoir de "vigilance" et, outre le plan Vigipirate renforcé, de sécurisation "de tous les sécurisations essentiels du pays".

- réaffirmer: 다시 확언(주장)하고 있다
- vigilance: f. 주의, 경계
- outre: …이외에
- Vigipirate: [vigie+pirate] 항공기 납치범 경계
- renforcer: 강화하다, 강조하다
- sécurisation: f. 안전 보장, 안심시키기

1. 기본문장: il(국무총리) + réaffirme(동사) + le devoir = 국무총리는 의무를 강조하고 있다.
2. 무엇에 대한 의무: de vigilance et, outre le plan Vigipirate renforcé, de sécurisation "de tous les sécurisations essentiels du pays". = 경계이외에 강화 된 항공기 납치범 경계, 국가의 기본적인 모든 안전보장에 대한 안전보장

국무총리는 경계이외에 강화 된 항공기 납치범(에 대한) 경계, 국가의 기본적인 모든 안전보장에 대한 안전보장 의무를 강조하고 있다

Quant aux "interpellations réalisées dans les réseaux islamistes intégristes", elles "témoignent de la volonté de l'Etat, du gouvernement, que soit conduite d'une main ferme l'action de la justice et de la police contre la menace terroriste", souligne Lionel Jospin.

- interpellation: f. 불심검문, 질의, 심문, 수하
- réaliser: 실현[실행]하다
- témoigner de: (주어가 사물) …의 증거[표시]이다, …을 나타내다
- réseau: m. 조직, 망
- islamiste: n. 회교도
- intégriste: 체제 완전 보존주의자
- d'une main ferme: 단호하게

1. Quant aux interpellations réalisées = 실행된 불심검문에 대해 말하자면
2. dans les réseaux islamistes intégristes = 회교 체제 완전 보존주의의 조직에서
3. 기본문장: elles(interpellations) + témoignent(동사) + de la volonté de l'Etat, du gouvernement(목적어) = 불심검문은 국가, 정부의 의지를 나타내고 있다
4. que soit(que + sub.= 가정, 조건) conduite(접속법 수동태 현재) + d'une main ferme (양태) + l'action de la justice et de la police(주어) = 정의와 경찰의 행동은 단호하게 추진되어야 한다.

- 주어가 긴 문장이라서 주어와 동사가 도치됐다. 이 문장은 l'action de la justice et de la police soit conduite d'une main ferme로 이해하면 된다.

회교 체제 완전 보존주의의 조직에서 실행된 불심검문에 대해 말하자면 이것은 국가, 정부의 의지를 나타내고 있는 것이며, 테러리스트의 협박에 대항하는 정의와 경찰의 행동은 단호하게 추진되어야 한다고 리오넬 죠스팽은 강조하고 있다.

일본을 강타한 태풍 파북

2001년 일본을 강타한 태풍 파북에 대한 기사입니다. 우리나라에서도 많은 걱정을 하게 했으나 다행히 별 피해 없이 우리나라를 지나쳐 일본에 큰 피해를 준 태풍이라 여러분도 잘 알고 있으리라 생각합니다. 비록 프랑스어로 된 시사적인 글입니다 마는 여러분이 잘 아는 내용이므로 쉽게 접근하리라 생각합니다. 자, 시작하기 전에 큰 소리로 여러 번 읽고 시작하기 바랍니다.

Pabuk a déjà fait ses premières victimes en touchant le sud-ouest du Japon : quatre hommes sont décédés à la suite de chute de branches et les secours recensent pour l'instant une vingtaine de blessés et deux disparus. Les pluies torrentielles et les vents violents se sont abattus sur les régions côtières obligeant 7 000 personnes à évacuer leurs maisons.

L'agence météorologique japonaise est en état d'alerte et renouvelle ces appels à la prudence. D'autant que Pabuk devrait sévir à Tokyo, au cours de la soirée. La région devrait recevoir entre 100 et 150 mm d'eau et certaines zones jusqu'à 250 mm. Dans la capitale japonaise, restée à l'écart des intempéries violentes pendant 12 ans, tout le monde craint l'arrivée de Pabuk.

La tempête est arrivée hier sur la principale île japonaise, Honshu, faisant déjà un mort par électrocution. Un employé d'une compagnie de chemin de fer est mort électrocuté à Mie (ouest) alors qu'il tentait de dégager des câbles recouverts de branchages tombés à cause de rafales de vent. Le typhon Pabuk -poisson-chat géant du Mékong, en laotien -, caractérisé par des vents soufflant à environ 108 km à l'heure, a atteint la terre ferme à Kushimoto, près de Wakayama, sur l'île de Honshu, à environ 450 km au sud-ouest de Tokyo.

Liaisons ferroviaires et aériennes suspendues

Des images de la télévision ont montré dans la région de Shiono Misaki des morceaux de toits arrachés et des rues désertées par les passants. Les rafales de vent ont provoqué la fermeture du parc à thème Universal Studios d'Osaka (ouest) et les vols internationaux depuis l'aéroport de Nagoya (centre) vers

Manille, Détroit, Guam, Saipan et Los Angeles ont été annulés. "Le typhon provoque des averses pendant une longue période et nous sommes inquiets des dégâts que la pluie pourrait provoquer", a souligné un porte-parole de l'agence météorologique Japonaise. Plusieurs liaisons ferroviaires et par ferry sont suspendues, mais le train à grande vitesse, le shinkansen, roule normalement, mis à part des ralentissements entre Nagoya et Tokyo.

우리가 공부 할 문장을 보기로 합시다.

Pabuk a déjà fait ses premières victimes en touchant le sud-ouest du Japon : quatre hommes sont décédés à la suite de chute de branches et les secours recensent pour l'instant une vingtaine de blessés et deux disparus.

- décédér: 죽다, 사망하다
- à la suite de: …에 따라, …이 원인이 되어
- recenser: 조사하다, 검사하다
- pour l'instan: 현재로는

1. 기본문장: Pabuk (주어) +a fait(faire동사복합과거) + ses premières victimes(목적어) = 파북은 그의 첫 번째 희생자를 만들었다.
- 파북은 태풍을 지칭하는 고유명사이기 때문에 관사가 생략됐다.
2. 어떻게 하면서: en touchant(제롱디프로 동시성) le sud-ouest du Japon = 일본의 남서를 건드리면서
3. : 즉, 설명하자면, 다시 말해서
4. 설명의 기본문장: quatre hommes(주어) + sont décédés(décéder동사 복합과거) = 4명이 죽었습니다.
- sont décédés에서 본동사가 복합과거로 s가 붙은 것은 **조동사가 être**이기 때문이다.
5. à la suite de chute de branches = 나뭇가지들이 떨어짐에 따라
6. 설명의 두 번째 기본문장: les secours(주어) + recensent(동사) + une vingtaine de blessés et deux disparus(목적어) = 구조대는 20명 가량의 사상자와 2명의 실종자들을 조사하고 있다.
- disparu는 형용사이나 관사를 붙여 명사화시켰다. 따라서 여기서는 사라진의 뜻이 아니라 실종자로 해석하는 것이 좋다.

파북은 일본의 남서를 건드리면서 벌써 (그의) 첫 희생자를 만들었습니다(냈습니다). 즉

나뭇가지들이 떨어짐에 따라 4명이 죽었고 구조대는 20명 가량의 사상자와 실종자를 조사하고 있습니다.

Les pluies torrentielles et les vents violents se sont abattus sur les régions côtières obligeant 7 000 personnes à évacuer leurs maisons.

- s'abattre sur: …에 내습하다, 쏟아지다
- les régions côtières: 연안지방, 해변도시
- évacuer: 비우다, 떠나다

1. 기본문장: Les pluies et les vents(주어) + se sont abattus(s'abattre동사 복합과거) = 비와 바람이 쏟아졌습니다
2. 어디에: sur les régions côtières = 연안지방에
3. 어떻게 하면서: obligeant은 현재분사로 동시성을 가진 동사로 보는 것이 좋다. 즉 **qui obligent**로 말이다.
4. obliger동사의 목적어: 7 000 personnes : 7000명
5. à évacuer leurs maisons은 **명사 + à + 부정법**으로 의무, 필요를 의미한다. 즉, 그들의 집을 비워야하는

7000명이 그들의 집은 비워야 하는 해변마을에 폭우와 거센 바람이 해변 마을에 쏟아졌습니다.

L'agence météorologique japonaise est en état d'alerte et renouvelle ces appels à la prudence.

- L'agence météorologique: 기상청
- en état d'alerte : 비상 사태, 경계 태세
- renouveller: 환기하다, 되풀이하다
- appel à: …에 대한 호소

1. 기본문장: L'agence météorologique japonaise(주어) + est(동사) et renouvelle(동사) + ces appels(목적어) = 일본 기상청은 …이고 그의 호소를 되풀이한다.

– en état d'alerteen에서 **en**은 상태를 말할 때 사용한다.

일본 기상청은 비상 사태의 상태이고 주의에 대한 경고를 되풀이하고 있다.

D'autant que Pabuk devrait sévir à Tokyo, au cours de la soirée. La région devrait recevoir entre 100 et 150 mm d'eau et certaines zones jusqu'à 250 mm.

- D'autant que + ind.: …이므로
- sévir: 맹위를 떨치다
- au cours de: …동안

1. Pabuk(주어) + devrait(devoir동사 조건법 현재로 조동사적 용법) + sévir(본동사) = 파북은 맹위를 떨칠 것이다.
2. 어디서: à Tokyo = 동경에서
3. 언제: au cours de la soirée = 밤 동안
4. La région(주어) + devrait(조동사) + recevoir(본동사) entre 100 et 150 mm d'eau(목적어) = 이 지역은 100에서 150mm 사이의 물을(비를) 받을 것이다.

– la région은 이미 언급이 된 지역이므로 정관사를 사용하고 있다.

5. certaines zones jusqu'à 250 mm 이 문장은 앞에 devrait recevoir가, 250mm뒤에는 d'eau가 생략된 것이다. 해석하면 어떤 지역들은 250mm까지 비가 올 것이다.

이 지역은 100에서 150mm 사이의 비를 받을 것이고(비가 올 것이고) 어떤 지역은 250mm까지 비를 받을 것이다.(비가 올 것이다)

Dans la capitale japonaise, restée à l'écart des intempéries violentes pendant 12 ans, tout le monde craint l'arrivée de Pabuk.

- à l'écart de:…에서 멀리 떨어져서
- intempéries: pl. 일기불순, 악천후

1. 기본문장: tout le monde(주어) + craint(craindre동사 현재) + l'arrivée de Pabuk(목적어) = 모든 사람들이 (태풍)파북이 오는 것을 두려워하고 있다.
2. 어디서: dans la capitale japonaise = 일본의 수도에서
3. 수도는: restée à l'écart des intempéries violentes = 거친 악천후에서 멀리 떨어져 있는

– restée는 여성형인 la capitale japonaise를 수식하므로 e가 더 붙는다.
– à l'écart des intempéries에서 des는 à l'écart de와 les intempéries를 동시에 수용하고 있다.

4. 얼마동안: pendant 12 ans = 12년 동안

12년 동안 거친 악천후에서 멀리 떨어져 있는 일본의 수도에서 모든 사람들이 파북이 오는 것을 두려워하고 있다.

> La tempête est arrivée hier sur la principale île japonaise, Honshu, faisant déjà un mort par électrocution.

- un mort par électrocution: 감전사

1. faisant déjà un mort에서 faisant은 현재분사로 qui fait …로 문장을 바꿔 볼 수 있다. 해석하면 faisant un mort: 한 사람의 죽음을 만들며, qui fait un mort: 한 사람의 죽음을 만든

태풍은 어제 벌써 한 사람의 감전사를 만들며 혼슈라는 일본의 주요 섬에 도달했다.

> Un employé d'une compagnie de chemin de fer est mort électrocuté à Mie (ouest) alors qu'il tentait de dégager des câbles recouverts de branchages tombés à cause de rafales de vent.

- une compagnie de chemin de fer: 철도회사
- électrocuté: 감전된
- tenter de + inf.: …을 시도하다
- recouverir de: …으로 뒤덮이다

1. Un employé(주어) + est mort(동사) = 한 고용인(직원)이 죽었다
2. 어떻게: électrocuté = 감전된
3. 어디서: à Mie (ouest) = (서부) 미에서
4. 언제: alors que 는 여기서 quand과 같은 의미로 보면 된다.
5. 상황 설명문: il(주어로 un employer) + tentait(tenter동사 반과거) de dégager des câbles(목적어) = 그는 전선을 치우려고 시도했었다.

6. 어떤 전선: recouverts de(…으로 뒤덮인) branchages tombés(떨어진 나뭇가지들) à cause de rafales de vent. = 강풍으로 떨어진 나뭇가지들로 뒤덮인

(일본의 서쪽) 미에서 한 철도회사의 직원이 강풍으로 떨어진 나뭇가지들로 뒤덮인 전선을 치우려고 시도했을 때(시도하다가) 감전되어 죽었다.

Le typhon Pabuk-poisson-chat géant du Mékong, en laotien -, caractérisé par des vents soufflant à environ 108 km à l'heure, a atteint la terre ferme à Kushimoto, près de Wakayama, sur l'île de Honshu, à environ 450 km au sud-ouest de Tokyo.

- à environ: 대략
- la terre ferme: 육지

1. 기본문장: Le typhon Pabuk(주어) + a atteint(atteindre동사 복합과거) + la terre ferme à Kushimoto(목적어) = 태풍 파북은 쿠시모토의 육지에 도달했다.
2. Le typhon Pabuk-poisson-chat géant du Mékong, en laotien = 메콩강의 거대한 고양이, 혹은 라오스 말로 물고기인 태풍 파북

-poisson-chat géant du Mékong, en laotien은 태풍 파북과 동격을 이루고 있다.

3. caractérisé par(…으로 특성지어진) + des vents soufflant(이것은 qui souffle와 같은 성격이다) + à(정도) environ 108km à l'heure(시간당) 은 le typhon Pabuk의 성질을 설명해주고 있다. 즉 한 시간에 대략 108km로 부는 바람으로 특성지어진 태풍 파북 caractérisé는 형용사 같이 쓰였으나 par의 등장으로 수동태적인 성격을 갖게 한다. 이 문장을 다시 만들어 보면 le typhon Pabuk est caractérisé par des vents soufflant à environ 108km à l'heure가 된다
4. près de Wakayama, sur l'île de Honshu, à environ 450 km au sud-ouest de Tokyo는 Kushimoto를 지리적으로 설명해주고 있다. 즉 토쿄의 남-서에서 대략 450km에(있는) 혼슈섬위 와까야마 근방에(있는 쿠시모토)

(일명) 메콩강의 거대한 고양이, 혹은 라오스 말로 물고기(라 불리며) 대략 시속 108km로 부는 바람에 의해 특성이 주어진 태풍 파북은 토쿄의 남-서에서 대략 450km에(있는) 혼슈섬위 와까야마 근방에(있는) 쿠시모토의 육지에 도달했다.

Liaisons ferroviaires et aériennes suspendues
정지된 철로와 항공의 연결

Des images de la télévision ont montré dans la région de Shiono Misaki des morceaux de toits arrachés et des rues désertées par les passants.

- déserté: 황폐한 (déserter)

1. 기본문장: Des images de la télévision(주어) + ont montré(montrer동사 복합과거) + des morceaux de toits et des rues(목적어) = T.V의 화면은 기와 조각들과 길들을 보여주었다
2. des morceaux de toits arrachés et des rues désertées par les passants = 뽑힌 기와 조각과 행인들로 버려진 길들.

- 여기서 주의 할 것은 명사의 성.수에 따라 형용사를 일치시키는 것이다.
- des rues désertées par les passants. 이 문장을 풀어보면 des rues sont désertées par les passants이 된다. rue가 여성이고 복수로 쓰였으므로 es가 더 붙는다. 이 문장을 직역하면 행인들에 의해 버려진 길들이 된다

T.V의 화면은 뽑힌 기와 조각들과 행인이 없는 텅 빈 길들을 보여주었다.

Les rafales de vent ont provoqué la fermeture du parc à thème Universal Studios d'Osaka (ouest) et les vols internationaux depuis l'aéroport de Nagoya (centre) vers Manille, Détroit, Guam, Saipan et Los Angeles ont été annulés.

- rafale: f. 돌풍, 광풍
- provoquer: 도발하다, 유발하다
- parc à thème: m. 테마공원

1. les rafales de vent(주어) + ont provoqué(provoquer동사 복합과거) + la fermeture du parc à thème(목적어) + Universal Studios d'Osaka (ouest)(목적어와 동격) = 강풍은 (일본 서쪽)오사카의 유니버셜 수튜디오 테마 공원의 폐장을 유발했다.
2. les vols internationaux(주어) + ont été annulés(annuler동사의 수동태 과거) = 국제선들은 취소되었다.

- 동작주 보어가 없는 수동태다. 이것은 동사의 성격을 아는 것이 중요하다. annuler동사는 avoir동사를 조동사로 한다. 따라서 여기서처럼 être동사가 조동사인 것은 수동태일 때 가능하다.
- être가 조동사이므로 과거분사를 주어의 성.수에 맞추고 있다.

3. 어디로부터 어디로 가는: depuis l'aéroport de Nagoya (centre) vers Manille, Détroit, Guam, Saipan et Los Angeles = (중부) 나고야 공항으로부터 마닐라, 디트로이트, 구암, 사이판 그리고 로스앤젤레스로 향하는

강풍은 (도쿄 서쪽) 오사카의 테마 공원인 유니버셜 스튜디오의 문을 닫게 했으며 (중부지방)나고야 공항에서(출발하는) 마닐라, 디트로이트, 구암, 사이판 그리고 로스앤젤레스로 향하는 국제 노선이 취소되었다.

"Le typhon provoque des averses pendant une longue période et nous sommes inquiets des dégâts que la pluie pourrait provoquer", a souligné un porte-parole de l'agence météorologique Japonaise.

- des dégâts: pl. 손해, 피해
- averse: f. 폭우

1. Le typhon(주어) + provoque(동사) + des averses (목적어) = 태풍은 폭우를 유발한다.
2. 얼마 동안: pendant une longue période = 오랜 기간 동안
3. nous(주어) + sommes(동사) + inquiets(주어 속사) + des dégâts(목적어) = 우리는 (que이하의) 피해를 걱정한다
4. que이하는: la pluie(종속절 주어) + pourrait(pouvoir동사 조건법 현재로 추측) + provoquer(본동사) = 비가 유발할 수 있는
5. nous의 주체: a souligné(souligner동사 복합과거) + un porte-parole(주어) = 대변인이 강조했다
6. 어디의: de l'agence météorologique Japonaise= 일본 기상청의

"태풍은 오래 동안 폭우를 유발할 것이고 우리는 비가 유발할 수 있을 피해를 걱정하고 있다"고 일본 기상청의 한 대변인이 강조했다.

Plusieurs liaisons ferroviaires et par ferry sont suspendues, mais le train à grande vitesse, le shinkansen, roule normalement, mis à part des ralentissements entre Nagoya et Tokyo.

- liaison ferroviaire: f. 철도 연결
- suspendu: 정지된 (suspendre)
- le train à grande vitesse: m. 고속철
- rouler: vi. 달리다
- mis à part: 별도로
- ralentissement: m. 속도위 감소, 감속

1. 기본문장 1: Plusieurs liaisons(주어) + sont(동사) + suspendues(주어속사) = 여러 가지의 연결이 정지됐다

– 형용사 suspendu는 liaisons이 복수이므로 성.수에 일치하기 위하여 es가 붙었다.

2. 기본문장 2: grande vitesse(주어), le shinkansen,(주어와 동격) + roule(동사) = 고속열차인 신칸센은 달려간다
3. 신칸센에 대한 설명: mis à part des ralentissements entre Nagoya et Tokyo = 나고야와 토쿄 사이의 속도의 감속을 제외하고

철로와 페리호에 의한 몇 개의 연결은 정지됐으나 고속열차인 시칸센은 나고야와 토쿄 사이의 감속을 제외하고 정상적으로 달리고 있다.

에이즈

2001년 9월 4일 뉴스 내용입니다. 6000만 인구 중 100만 명이 에이즈 양성반응을 보이고 있는 태국에 대한 기사입니다. 태국에서는 인구 사망률 1위가 에이즈에 의한 것이라고 합니다. 과연 무엇이 이 나라를 이렇게 만들었는지 보기로 합시다. 어느 때와 마찬가지로 시작하기 전에 소리내어 여러 번 읽기 바랍니다.

Le constat est inquiétant : le Sida est devenu la première cause de mortalité en Thaïlande. " Le Sida devance les maladies cardiaques, le cancer ou les accidents ", a indiqué le vice−ministre de la Santé publique Surapong Suebwong−lee. Celui−ci n’ a pas communiqué de chiffres, se contentant d’ expliquer que le nombre de victimes du Sida avait toujours été sous−estimé. La Thaïlande pourrait toutefois compter aujourd’ hui, selon les projections des services de santé au début des années 1990, quelque 6,7 millions de séropositifs. L’ ONU estime, pour sa part, qu’ en réalité ils sont un million, un chiffre déjà alarmant sur une population de 60 millions d’ habitants.

Industrie du sexe

Toujours selon l’ ONU, un tiers est déjà décédé. Ce chiffre place toutefois la Thaïlande encore loin du pays le plus touché au monde, l’ Afrique du sud, où une personne sur neuf est porteuse du virus, soit 4,7 millions de personnes. Surapong Suebwong−lee a souligné que l’ importance du Sida en Thaïlande était telle que ce pays devrait bénéficier d’ une " bonne part " du fonds des Nations unies de lutte contre cette maladie.

Mais derrière ce constat alarmant, le gouvernement thaïlandais a oublié de poser la question de la prostitution. L’ industrie du sexe participe pour 16% à la propagation du virus. Un pourcentage non négligeable même s'il est nettement devancé par les transmissions conjugales − 50% − et l’ utilisation commune de seringues par les toxicomanes − 20%.

문장을 볼까요?

Le constat est inquiétant : le Sida est devenu la première cause de mortalité en Thaïlande.

- constat: m. 보고서
- Sida: m. 에이즈
- cause: f. 원인, 이유
- mortalité: f. 사망
- en Thaïlande: 태국에서

1. 기본문장: Le constat(주어) + est(동사) + inquiétant(주어속사) = 보고서는 걱정스럽다.
2. : 이유를 설명하는 deux points
3. le Sida(주어) + est devenu(devenir 동사 복합과거) + la première cause de mortalité (주어속사) = 에이즈는 사망의 첫 번째 이유가 됐다.
4. 어디서: en Thaïlande = 태국에서

보고서는 걱정스럽다. (이유는) 태국에서 에이즈는 사망의 첫 번째 원인이(기 때문이다) 되었다.

"Le Sida devance les maladies cardiaques, le cancer ou les accidents", a indiqué le vice-ministre de la Santé publique Surapong Suebwong-lee.

- devancer: (공간적으로) 앞서가다, 능가하다
- maladie cardiaque: 심장계 질환
- cancer: m. 암
- la Santé publique: 보건행정

1. Le Sida(주어) + devance(동사) + les maladies cardiaques, le cancer ou les accidents (목적어) = 에이즈는 심장계 질환이나 암 또는 사고를 앞지르고 있다.

- ou는 et와 마찬가지로 여러개의 명사에 가서 걸릴 때는 마지막 명사 앞에 만 놓는다.

2. a indiqué(indiquer동사 복합과거) + le vice-ministre de la Santé publique (주어) Surapong Suebwong-lee(주어동격) = 보건 행정부의 차관인 쉬라퐁 쉬엡웡-리가 밝혔다.

- 주어 동사가 문장의 중간에 들어갈 때는 의문문이 아니더라도 주어와 동사는 도치된다.

"에이즈는 심장계 질환이나 암 또는 사고를 앞지르고 있다고 있다"고 보건 행정부의 차관인 쉬라퐁 쉬엡웡-리가 밝혔다.

Celui–ci n' a pas communiqué de chiffres, se contentant d' expliquer que le nombre de victimes du Sida avait toujours été sous–estimé.

- communiquer: 알리다, (자료 따위를) 넘기다
- chiffre: m. 숫자
- se contenter de + n./ inf.: …에 만족하다
- victime: m. 희생자
- sous–estimer: 낮게 평가하다, 과소 평가하다

1. 기본문장: Celui–ci(보건행정부 차관) + n'a pas communiqué(communiquer 동사 복합과거) + de chiffres(목적어) = 이 사람은(이 차관은, 이 자는) 숫자를 알리지 않았다.
– de chiffres에서 de는 …에 관해서 또는 부정문에서 타동사의 목적어 앞에 놓이는de로 볼 수 있다. 여기서는 해석상 크게 차이가 나지는 않는다. de를 관해서로 보면 차관은 숫자에 관해 알리지 않았다가 되고 de를 타동사 목적어 앞의 de로 보면 차관은 숫자를 알리지 않았다가 된다.
2. se contentant d' (현재분사로 주어에 걸림) + expliquer(부정법) + que(목적격) = que 이하를 설명하는데 만족하면서
3. 종속절: le nombre de victimes du Sida(주어) + avait été sous–estimé (sous–estimer 동사 수동태 대과거) = 에이즈의 희생자 수는 과소평가 되어졌었다.

차관은 에이즈의 희생자 수가 항상 과소평가 되어졌었다고 설명하는데 만족하면서 숫자에 관해서는 알리지 않았다.

La Thaïlande pourrait toutefois compter aujourd' hui, selon les projections des services de santé au début des années 1990, quelque 6,7 millions de séropositifs.

- projection: f. 예측, 예상
- des services de sante: 위생반, 검역반

- au debut de: …의 초에
- million: m. 백 만
- quelque: 대략, 약
- seropositif: 양성반응의

1. 기본문장: La Thaïlande(주어) + pourrait(조동사. 조건법 현재료 추측) + compter(본동사) + quelque 6,7 millions de séropositifs(목적어) = 태국은 약 6, 7백 만 명의 (에이즈) 양성반응 (환자)를 셀 수 있을 것이다.

– 6,7 millions de séropositifs에서 de는 수량 + de + 형용사에서 쓰이는 de

2. selon les projections des services de santé au début des années 1990 = 1990년 초 검역반의 예측에 의하면

1990년 초의 검역반의 예측에 의하면 태국은 약 6백7십 만 명의 에이즈 바이러스 보균자를 헤아릴 수 있을 것이다.

> L' ONU estime, pour sa part, qu' en réalité ils sont un million, un chiffre déjà alarmant sur une population de 60 millions d' habitants.

- L' ONU(organisation des nations unies): UN
- estimer: 평가하다
- pour sa part: 그로서는, 그 자체에서
- en réalité: 사실
- alarmant: 걱정스런
- population: f. 인구
- habitant: m. 주민

1. 기본문장: L' ONU(주어) + estime(동사) + que(목적격) = UN은 que이하를 평가한다.
2. que이하: ils(에이즈 병균 보균자) + sont(동사) + un million(속사) = 그들은 백만명 이다.
3. 백 만명에 대한 설명 : un chiffre déjà alarmant sur une population de 60 millions d' habitants = 6000만 명 주민의 인구에 이미 걱정스런 숫자인

UN 자체는 사실 그들이(에이즈 보균자) 6000만 명 주민의 인구에 이미 걱정스런 숫자인 백만명 이라고 평가한다.

Industrie du sexe
쎅스 산업

Toujours selon l'ONU, un tiers est déjà décédé.

- tiers: m. 3분의 1
- décéder: 사망하다

1. 기본문장 : un tiers(주어) + est décédé(décéder동사 수동태 현재)

계속해서 UN에 의하면 (환자의) 3분의 1이 이미 사망했다.

Ce chiffre place toutefois la Thaïlande encore loin du pays le plus touché au monde, l'Afrique du sud, où une personne sur neuf est porteuse du virus, soit 4,7 millions de personnes.

- placer: 자리에 놓다, 위치에 놓다
- toucher: 타격을 받다, 피해를 입다
- au monde: 세상에서
- l'Afrique du sud: 남 아프리카
- porteur(se) du virus: 바이러스 보균자

1. 기본문장: Ce chiffre(주어) + place(동사) + la Thaïlande(목적어) = 이 숫자는 태국을 위치하게 한다.
2. 어디에: encore loin du pays le plus touché au monde = 세상에서 가장 피해를 입은 나라로부터 여전히 멀리
3. 세상에서 가장 피해를 입은 나라란: l'Afrique du sud = 남아프리카
4. 남 아프리카에 대한 설명: où(남 아프리카) + une personne sur neuf(주어) + est(동사) + porteuse du virus(속사) = 거기에서는 9명 중 한 명이 바이러스 보균자다.
5. soit = 즉
6. 4,7 millions de personnes = 4백 7십만 명이라는

이 숫자는 그럼에도 태국을 여전히 세상에서 가장 타격을 입은 나라인 남아프리카부터

멀리 자리하게 한다. 남아프리카는 9명 중 한 명 즉 4백 7십만 명이 에이즈 보균자이다.

Surapong Suebwong-lee a souligné que l' importance du Sida en Thaïlande était telle que ce pays devrait bénéficier d' une " bonne part " du fonds des Nations unies de lutte contre cette maladie.

- souligner: 강조하다
- telle que: 하도…해서…하다
- bénéficier: (혜택을)받다
- bonne part: 만족스러운(타당한) 활당분
- fonds: m. 기금
- lutte: f. 투쟁

1. 기본문장: Surapong Suebwong-lee(주어) + a souligné(souligner동사 복합과거) + que(que이하를) = 쉬엡웡-리는 que 이하를 강조했다.
2. que이하란: l' importance du Sida(주어) + était(동사) telle = 에이즈가 하도 중요해서
3. (telle) que ce pays(주어) + devrait(devoir동사 조건법 현재) bénéficier(본동사)" du fonds(목적어) = (그래서) 이 나라는 기금의 혜택을 받아야만 할 것이다.
4. 어디로부터: des Nations unies = UN으로부터
5. de lutte contre cette maladie = 이 질환에 대항하여 싸우는 것에 관하여

쉬엡웡-리는 태국에서 에이즈가 하도 중요해서 이 나라는 이 질환에 대항해서 싸우는데 대하여 유엔으로부터 충분한 몫의 기금을 받아야만 할 것이라고 강조했다

Mais derrière ce constat alarmant, le gouvernement thaïlandais a oublié de poser la question de la prostitution.

- oublier de + inf.: ….을 잊다
- poser la question: 질문을 던지다
- prostitution: f. 매춘

1. 기본문장: le gouvernement thaïlandais(주어) + a oublié(동사) de poser(부정법) + la question de la prostitution(목적어) = 태국 정부는 매춘에 관해 질문을 던지는 것을 잊어 버렸다.

그러나 이 걱정스런 보고서 뒤에 태국 정부가 매춘에 관해 질문하는 것을 잊고 있다.
(이 보고서 뒤에 태국 정부의 무관심이 도사리고 있다)

L' industrie du sexe participe pour 16% à la propagation du virus.

- propagation: f. 보급, 전염, 전파
- participer à: 참가하다

1. L' industrie du sexe(주어) + participe à(동사) + la propagation du virus (목적어) = 섹스 산업은 이 바이러스의 보급에 참여하고 있다.
2. pour 16% 은 100%중 16%가란 뜻으로 **pour는 여기서 부분**을 말한다.

섹스 산업은 **16%**가 이 바이러스의 보급에 참여하고 있다

Un pourcentage non négligeable même s'il est nettement devancé par les transmissions conjugales – 50% – et l' utilisation commune de seringues par les toxicomanes – 20%.

- négligeable: 소홀히 하다
- même si: 비록 …라 할지라도
- transmission conjugale: f. 부부 간 전염
- seringue: m. 주사기
- toxicomane: m. 중독자

1. 기본문장: Un pourcentage(주어) +(est) + non négligeable (속사) = 소홀히 할 수 없는 퍼센트
- 이 문장은 동사가 생략된 것이나 être동사를 문장에 넣으면 주절이 된다.
- un pourcentage에서 un은 한 부분을 말하고 있다.

2. 이유: même s'il(16%) + est devancé(수동태) + par les transmissions conjugales(동작주) = 이 부분이 부부 사이의 전염에 의해 앞서가더라도
- 이 문장은 능동태로 바꿔 보는 것이 문장 파악에 도움이 된다.

les transmissions conjugales(50%) devancent l'industrie du sexe(16), 즉 50%에 이르는 부부간 전염이 16%에 이르는 쎅스산업을 앞지르고 있다는 것이다.

3. l' utilisation commune de seringues par les toxicomanes - 20%. = 중독자에 의한 주사기의 공동 사용에 의한 20%

- 이문장도 동작주로 이해하면 된다. 즉 par l'utilisation commune de …

(이 부분의)퍼센트는 소홀히 할 수 없다. 비록 부부 사이의 전염-50%-와 중독자들의 주사기의 공동 사용에 의한 전염이 -20%-로 (쎅스 산업)을 앞서간다 하더라도.

테 러

2001년 9월 11일 아침 뉴욕에서 벌어진 비행기에 의한 국제 무역센터의 파괴는 많은 인명과 재산의 손실을 초래했다고 합니다. 2000명의 소방관, 경찰 그리고 의사들이 뉴욕에 사고가 생기자 구조활동을 시작했고 6명의 생존자를 구출했다 합니다. 그러나 화재와 그것으로 인한 연기는 구조활동을 어렵게 했고 생존자를 구출하기 위한 작업은 또 다른 많은 희생자를 만들어냈다고 합니다. 미국 대통령 조지 부시는 긴급으로 국회를 열어 구조활동에 필요한 기금을 조달하려고 한다는 내용의 기사입니다.

Durant la nuit de mardi à mercredi, une lumière irréelle illuminait le sud de Manhattan, celle des projecteurs puissants installés par les secours autour des décombres des deux tours du World Trade Center. Ainsi éclairés, 2.000 sauveteurs ont passé la nuit à fouiller les tonnes d'aciers, de verre et de béton qui tiennent des milliers de personnes, vivantes ou mortes, prisonnières. Le maire de New York a annoncé mercredi qu'un bilan provisoire du double attentat contre les tours du World Trade Center faisait état de 45 morts mais qu'il s'attendait toujours à plusieurs milliers de victimes.

La police a coupé du reste de Manhattan tout le sud de la ville, à trois kilomètres de la zone du WTC. Dans cette zone bouclée, des centaines d'ambulances, des camions de pompiers, des grues, des bulldozers et autres pelles mécanique participent au sauvetage d'éventuels survivants.

Un sauvetage rendu difficile par les résidus d'incendie, qui constituent la principale gêne des pompiers dont les canons à eaux arrosent sans discontinuer les amas de ferrailles et de béton fumant. La fumée continue d'obscurcir le ciel, et le sol est recouvert d'une épaisse couche de cendre et de milliers de feuilles de papiers.

Outre les pompiers et les policiers, les médecins et infirmiers de la ville ont été "réquisitionnés" pour porter secours aux nombreux blessés. Partout dans le pays, on appelle la population à donner son sang, et des centres de collecte ont été improvisés dans toutes les grandes villes.

Les secours sont surtout motivés par l'espoir de trouver des survivants coincés sous les décombres. Six survivants ont ainsi été dégagés et transférés à l'hôpital, et au moins deux personnes ont contacté les secours grâce à leur portable, indiquant qu'ils étaient coincés sous les ruines, et qu'ils n'étaient pas seuls. Le sauvetage devrait s'accélérer au fur et à mesure que l'incendie sera maîtrisé et la fumée dissipée. Le maire Rudolf Giuliani a expliqué qu'il faudra "deux à trois semaines" pour finir de déblayer la zone.
Il a en outre lancé un appel à tous les vidéastes amateurs pour qu'ils contactent le FBI ou la police afin de leur remettre les images éventuellement filmées mardi lors des attentats. "ça pourrait être d'une aide précieuse pour l'enquête", a-t-il fait valoir. Il a montré plusieurs clichés de "boîtes noires", les enregistreurs de vols, indiquant en avoir donné copies aux secouristes, pour le cas où ceux-ci identifieraient dans les décombres les boîtes des deux avions qui ont volontairement percuté mardi les tours jumelles du WTC.

자 문장을 하나 씩 보면서 미국에서 벌어진 사건을 프랑스어로 어떻게 표현되고 있는지 보기로 합시다.

Durant la nuit de mardi à mercredi, une lumière irréelle illuminait le sud de Manhattan, celle des projecteurs puissants installés par les secours autour des décombres des deux tours du World Trade Center.

- illuminer: 환하게 비추다. 조명으로 장식하다
- installé: 배치된 설치된
- autour de: …의 주변에
- décombres: pl. (무너진 건물의) 잔해, 파편

1. 언제: Durant la nuit de mardi à mercredi = 화요일에서 수요일의 밤 동안
2. 기본문장: une lumière(주어) + illuminait(동사) + le sud de Manhattan(목적어) = 어떤 빛이 맨하탄 의 북쪽을 환하게 밝혀주었다.
3. 어떤 빛은: celle des projecteurs puissants installés = 설치된 강력한 프로젝터의 불 빛

- 여기서 celle은 une lumière를 가리키고 있다 즉, une lumière des projecteurs puissants 이 된다.

4. 어디에: autour des décombres des deux tours du World Trade Center. = 두 개의 세계무역쎈타의 잔해 주위로

화요일에서 수요일 밤 동안 세계무역쎈타의 두 개의 동의 잔해들 주위에 구조대에 의해 설치된 강력한 프로젝터의 빛인 비현실적인 빛이 맨하탄의 남쪽을 환하게 비추었다. (직역)

의역: 화요일에서 수요일 밤 동안 비현실적인 빛이 맨하탄의 남쪽을 환하게 비추었다. (이것은) 세계무역쎈타의 두 개의 동의 잔해들 주위에 구조대에 의해 설치된 강력한 프로젝터의 것이었다.

Ainsi éclairés, 2.000 sauveteurs ont passé la nuit à fouiller les tonnes d'aciers, de verre et de béton qui tiennent des milliers de personnes, vivantes ou mortes, prisonnières.

- sauveteur: 구조원, 구조대
- passer + à: …하는데 시간을 보내다
- fouiller: 뒤지다

1. Ainsi éclairés = 이렇게 불이 밝혀진
- 구조원을 가리키고 있다.
- 이 문장을 다시 보면 2.000 sauveteurs ainsi éclairés가 된다. 즉, 이렇게 조명을 받는 2000명의 구조대들은
2. 기본문장: 2.000 sauveteurs(주어) + ont passé(passer동사 복합과거) + la nuit(목적어) = 2000명의 구조대는 밤을 보냈다.
3. 무엇을 하는데: à fouiller = 뒤지는데
4. 무엇을: les tonnes d'aciers, de verre et de béton = 수 톤의 강철, 유리 그리고 콘크리트
5. 종속절: qui(강철, 유리, 콘크리트) + tiennent(tenir동사) + des milliers de personnes(목적어), + vivantes ou mortes, prisonnières(목적어와 동격) = 살았거나 죽었거나 갇혀있는 수천의 사람들을 떠받들고 있는
- tenir동사는 현재로 쓰여 아직도 버팀목 구실을 하고 있음을 알 수 있다.

이렇게 조명을 받는 2000명의 구조대들은 살았거나 죽었거나 갇혀있는 수천의 사람들을 떠받들고 있는 수 톤의 강철(과) 유리와 콘크리트를 뒤지는데 밤을 보냈다.

Le maire de New York a annoncé mercredi qu'un bilan provisoire du double attentat contre les tours du World Trade Center faisait état de 45 morts mais qu'il s'attendait toujours à plusieurs milliers de victimes.

- bilan: m. 종합 평가, 총손실
- provisoire: 임시의, 잠정적인, 일시의
- attentat: m. 공격
- faire état de qc/qn: …고려하다
- s'attendre à+ qch: …을 예상하다, 기대하다

1. 기본문장: Le maire(주어) + a annoncé(annoncer동사 복합과거) + que이하 = 시장은 que이하를 발표했다
2. 언제: mercredi = 수요일
3. que이하: qu'un bilan provisoire(종속절 주어) + faisait(faire동사 반과거) + état de 45 morts(목적어) = 잠정적인 통계는 45명의 사상자를 고려했다.
4. 2번째 que이하: qu'il (종속절 주어로 뉴욕 시장) + s'attendait(s'attendre 동사 반과거) à plusieurs milliers de victimes(목적어) = 그는 수천명의 희생자를 예상했다.
5. du double attentat contre les tours du World Trade Center = 세계무역쎈타의 탑을 향한 두 번의 공격

- le bilane provisoire **du** double attentat에서 **de는 …에 관한**이나 **…에 대한**으로 보는 것이 좋다.

뉴욕시장은 수요일 세계무역쎈타의 탑(건물)을 향한 두 번의 공격에 대한 잠정적인 통계가 45명의 사상자를 낸 것으로 고려하게 하지만 그는 아직도 수많은 희생자를 예상한다고 발표했다.

La police a coupé du reste de Manhattan tout le sud de la ville, à trois kilomètres de la zone du WTC.

- couper: 끊다, 차단하다
- du reste: 나머지, 흔적
- zone: f. 지역

1. La police(주어) + a coupé(couper동사 복합과거) + du reste de Manhattan(목적어) tout le sud de la ville(맨하탄과 동격) = 경찰은 도시의 모든 남쪽인 맨하탄의 나머지를 차단했다.
2. à trois kilomètres de la zone du WTC = WTC 지역에서 3킬로미터 떨어진

경찰은 WTC 지역에서 3킬로미터 떨어진 도시의 모든 남쪽인 맨하탄의 나머지를 차단했다.

Dans cette zone bouclée, des centaines d'ambulances, des camions de pompiers, des grues, des bulldozers et autres pelles mécanique participent au sauvetage d'éventuels survivants.

- boucler: (군대, 경찰이 어떤 지역을)포위(봉쇄)하다
- camion de pompier: m. 소방차
- grue: f. 크레인
- bulldozer: m. 불도저
- pelle mécanique: f. 포크레인
- éventuel: 가능성 있는, 불확실한

1. Dans cette zone bouclée = 이 봉쇄된 지역에서
2. des centaines d'ambulances, des camions de pompiers, des grues, des bulldozers et autres pelles mécanique(주어군) + participent au(…에 참여하다) + sauvetage d'éventuels survivants(목적어) = 수 많은 앰뷸런스, 911 구조대, 기증기, 불도저와 포크레인이 불확실한 생존자들의 구조에 참여하고 있다.

– des camions de pompiers는 구조대를 의미하므로 여기서는 911구조대라 해석했음

이 봉쇄된 지역에서 수 많은 앰뷸런스, 119 구조대, 기중기, 불도저와 포크레인이 불확실한 생존자들의 구조에 참여하고 있다.

Un sauvetage rendu difficile par les résidus d'incendie, qui constituent la principale gêne des pompiers dont les canons à eaux arrosent sans discontinuer les amas de ferrailles et de béton fumant.

- rendre difficile: 어렵게하다
- résidu: m. 잔재, 찌꺼기
- gêne: f. 제약, 장애, 어려움
- canon à eaux: m. 물대포
- arroser: 물뿌리다
- sans discontinuer: 쉬지않고, 줄곧
- amas: m. 퇴적, 더미
- ferraille: m. 고철

1. 기본문장: Un sauvetage(주어) + rendu difficile(수동태 현재) + par les résidus d'incendie(동작주) = 화재의 잔재로 인하여 어렵게 된 구조
- 이 문장에는 주어는 보이나 동사가 보이지 않는다. **그러나 par로 이끌리는 동작주는 이 문장이 수동태임을 알려주고 있다.** 이 문장에 être동사를 넣어 보면 문장의 성격이 뚜렷해진다. 즉 **Un sauvetage est rendu difficile** par les résidus d'incendie = 화재의 잔재로 구조는 어렵다
2. qui(화재의 잔재) + constituent(동사) + la principale gêne des pompiers(목적어) = 이것은 소방관들의 기본적인 장애를 만들고 있다.
3. dont les canons à eaux(주어) + arrosent(동사) + les amas de ferrailles et de béton (목적어) = 물대포는 고철과 콘크리트의 더미에 물을 뿌리고 있다.
- dont은 des pompiers를 가리키고 있다. 즉 **les canon à eaux des pompiers**로 보면 된다.

화재의 잔재로 인하여 어렵게 된 구조, 이것은 고철과 연기 나는 콘크리트의 더미에 계속해서 물대포로 물을 뿌리는 소방관들의(에게) 기본적인 장애를 만들고 있다.

의역: 화재의 잔재로 구조는 어렵다. 이것은 고철과 연기 나는 콘크리트의 더미에 계속해서 물대포로 물을 뿌리는 소방관들의(에게) 기본적인 장애가 되고 있다.

La fumée continue d'obscurcir le ciel, et le sol est recouvert d'une épaisse couche de cendre et de milliers de feuilles de papiers.

- obscurcir: 어둡게 하다
- recouverir de: …으로 뒤덮다

1. La fumée(주어) + continue(동사) d'obscurcir(de로 끌리는 부정법) + le ciel(목적어) = 연기는 계속해서 하늘을 어둡게 하고 있다.

2. le sol(주어) + est recouvert(수동태 현재) + d'une épaisse couche de cendre et de milliers de feuilles de papiers.(동작주) = 바닥은 재의 두터운 층과 수많은 종이로 덮여 있다.

연기는 계속해서 하늘을 어둡게 하고 있고, 바닥은 재의 두터운 층과 수많은 종이로 덮여 있다.

Outre les pompiers et les policiers, les médecins et infirmiers de la ville ont été "réquisitionnés" pour porter secours aux nombreux blessés.

- outre: …이외에, …이상으로
- réquisitionner: 징발(징집, 징용)하다, 동원하다
- porter secours à qn: …을 구원하다

1. les pompiers et les policiers, les médecins et infirmiers de la ville(주어) + ont été "réquisitionnés"(réquisitionner동사 수동태 과거) = 도시의 소방관, 경찰. 의사 그리고 간호사들이 동원되었다.
2. 무엇을 위하여: pour porter secours aux nombreux blessés = 수많은 부상자를 구하기 위하여

수많은 부상자를 구하기 위하여 도시의 소방관, 경찰. 의사 그리고 간호사들이 동원되었다.

Partout dans le pays, on appelle la population à donner son sang, et des centres de collecte ont été improvisés dans toutes les grandes villes.

- improviser: 즉석에서 흥하다, 임시변통하다
- appeler qn à qc/inf. : …에게 …하도록 부르다(요구하다)

1. on(주어) + appelle(동사) + la population(간.목) + à donner son sang(직.목) = 국민에게 헌혈 할 것을 요구한다.
2. des centres de collecte(주어) + ont été improvisés(수동태 복합과거) = 채혈 기관은 임시 변통이 되었다.

3. 어디서: dans toutes les grandes villes = <u>모든 대 도시에서</u>

국가 도처에서 국민에게 헌혈 할 것을 요구하고 있고 모든 대도시에서 채혈 기관은 임시 변통이 되고 있다

Les secours sont surtout motivés par l'espoir de trouver des survivants coincés sous les décombres.

- motiver: 동기를 부여하다, 의욕을 고취하다
- coincer: 꼼짝못하게 하다.
- coincer sous les décombres: 파편 밑에 깔려 꼼짝하지 못하다

1. Les secours(주어) + sont motivés(motiver동사 수동태) + par l'espoir(동작주) = <u>구조는 희망에 의해 동기가 부여되고 있다.</u>
2. 어떤 희망: de trouver des survivants coincés sous les décombres = <u>파편 밑에서 꼼짝 못하는 생존자를 찾는다는(희망)</u>

– l'espoir de trouver에서 **de는 동격의 성격**을 가지고 있다. 따라서 이 부분만 해석하면 **…한다는 희망**이 된다.

구조는 특히 파편 밑에서 꼼짝 못하는 생존자를 찾는다는 희망에 의해 동기가 부여되고 있다.

Six survivants ont ainsi été dégagés et transférés à l'hôpital, et au moins deux personnes ont contacté les secours grâce à leur portable, indiquant qu'ils étaient coincés sous les ruines, et qu'ils n'étaient pas seuls.

- dégager: 치우다, 제거하다, 벗어나다
- transférer à : …로 옮기다, …로 이송하다
- au moins: 적어도
- grâce à: …덕분에,
- portable: m. 무선전화

1. 기본문장: SIx survivants(주어) + ont été dégagés(dégager동사 수동태 복합과거) et transférés(transférer동사 과거 분사로 ont été와 함께 수동태 복합과거를 만들고 있다) = 6<u>명의 생존자는 벗어났고(구조되었고) 옮겨졌습니다.</u>

2. deux personnes(주어) + ont contacté(contacter동사 복합과거) + les secours(목적어) = 두 명은 구조대와 접촉이 되었다.
3. grâce à leur portable = 그들의 휴대전화 덕에
4. indiquant qu'ils(les survivants. 종속절 주어) + étaient coincés(coincer동사 수동태 반과거) et qu'ils(생존자) + n'étaient pas(être동사 반과거) + seuls(주어속사) = 그들이 갇혀있고 혼자가 아니라는 것을 알려주는
- indiquant은 동사적인 성격을 가진 분사로 leur portable에 걸리고 있다. 이것은 leur portable qui indiquait qu'il étaient coincés…로 문장을 바꿔볼 수 있다.
- coincés에서 s는 주어가 3인칭 복수이며 조동사가 être이므로 주어의 성.수에 일치하기 위해 s가 붙었다.

6명의 생존자는 구조되었고 병원으로 옮겨졌습니다. 그리고 적어도 2명은 그들이 폐허 아래 갇혀있고 그들이 혼자가 아니라고 알려주는 그들의 휴대전화 덕에 구조대와 연결이 되었습니다.

Le sauvetage devrait s'accélérer au fur et à mesure que l'incendie sera maîtrisé et la fumée dissipée. Le maire Rudolf Giuliani a expliqué qu'il faudra "deux à trois semaines" pour finir de déblayer la zone.

- s'accélérer: 빨라지다, 진척되다
- au fur et à mesure: …함에 따라
- incendie: m. 화재
- maîtriser: 제압하다
- fumée: f. 연기
- dissiper: 흩어지다
- finir de + inf: …하는 것을 끝내다
- déblayer: 치우다, 소재하다, 정리하다

1. 기본문장 1: Le sauvetage(주어) + devrait(devoir동사 조건법 현재) + s'accélérer(부정법) + que이하 = 구조는 빨라져야 할 것입니다.
- devoir동사는 조건법 현재로 쓰여 추측을 나타내고 있다.
2. que l'incendie(종속절 주어) + sera maîtrisé(maîtriser동사 전미래) et la fumée dissipée = 화재가 진압이 되고 연기가 흩어지면
- la fumée dissipée를 다시 풀면 que la fumée sera dissipée가 된다. fumée가 여성 명사이므로 dissipée에 e가 하나 더 붙는다.

- l'incendie는 남성명사이므로 과거분사의 형에 변화가 없다.
3. 기본문장 2: Le maire(주어) + Rudolf Giuliani(주어와 동격) + a expliqué(que이하를 설명하는 expliquer동사 복합과거) = 루돌프 길리아니 시장은 que이하를 설명했다.
4. qu'il(비인칭 주어) + faudra(falloir동사 미래) + deux à trois semaines(목적어) = 2에서 3주가 필요할 것이다.
- 여기서 진주어는 deux à trois semaines이다.
5. pour finir de déblayer la zone = 이 지역 정리를 끝내기 위해

구조는 화재가 진압되고 연기가 빠져나감에 따라 빨라져야 할 것이다. 루돌프 길리아니 시장은 이 지역 정리를 끝내기 위해 2에서 3주가 필요할 것이라고 설명했다.

Il a en outre lancé un appel à tous les vidéastes amateurs pour qu'ils contactent le FBI ou la police afin de leur remettre les images éventuellement filmées mardi lors des attentats.

- en outre: 게다가, 그리고 또
- lancer un appel à: …에게 도움을 요청하다
- vidéaste: m. 비디오 영상 예술가
- remettre: (잊었던 것을) 생각나게 하다, 넘겨주다, 전달하다
- éventuellement: 우연히, 경우에 따라서는

1. 기본문장: Il(주어. 뉴욕시장) + a lancé(lancer동사 복합과거) + un appel(직.목) + à tous les vidéastes(간.목) = 그는 모든 비디오 영상 예술가에게 도움을 요청했다.
2. 무엇을 위하여: pour qu'ils(비디오 아티스트) + contactent(접속법 현재) + le FBI ou la police(목적어) = 그들이 FBI나 경찰과 연락하게 하기 위하여
- pour que다음에는 항상 접속법이 온다. 여기서 **contacter동사는 접속법**이나 현재시제이므로 직설법과 구분이 되지 않고 있다.
3. 결과절: afin de leur(간.목. FBI나 경찰) + remettre(동사원형) + les images(목적어) = 그들에게 영상물을 전달하게하기 위하여
- **afin de 다음에는 항상 동사 원형**이 온다. 그러나 afin que + sub.이다
- les images filmées 여성명사 복수에 일치하기 위해 형용사에 es가 붙었다.
4. 언제: mardi lors des attentats = 공격 때 인 화요일

그리고 또 뉴욕시장은 공격 때 인 화요일 우연히 녹화된 영상물을 FBI나 경찰에게 전달하기 위하여 FBI나 경찰에게 연락하도록 모든 비디오 아티스트에게 도움을 요청했다.

"ça pourrait être d'une aide précieuse pour l'enquête", a-t-il fait valoir. Il a montré plusieurs clichés de "boîtes noires", les enregistreurs de vols, indiquant en avoir donné copies aux secouristes, pour le cas où ceux-ci identifieraient dans les décombres les boîtes des deux avions qui ont volontairement percuté mardi les tours jumelles du WTC.

- valoir: 가치를 주다, (…할 만한)가치가 있다.
- faire valoir: 돋보이게 하다, 내세우다
- cliché: m. 연판, 네거티브, 사진
- identifier: 동일시하다, 확인하다, 알아보다, 감정하다
- pour le cas où + cond.: …의 경우에, 만약…한다면
- percuter: (와)부딪치다, 충돌하다
- les tours jumelles du WTC: 세계 무역쎈타의 쌍둥이 타워

1. ça(지시사로 영상물을 전달하는 것) + pourrait être(pouvoir동사 조건법 현재로 추측) d'une aide précieuse(주어 속사) pour l'enquête = 이 것은 조사를 위해 소중한 도움의 하나가 될 것이다.
2. a-t-il(뉴욕시장) fait valoir = 그는 내세웠다
- 문장 중에 있는 주어 동사는 도치가 된다. 따라서 이것은 의문문이 아니라 il a fait valoir의 평서문이다.
3. Il(뉴욕시장) + a montré(montrer동사 복합과거) + plusieurs clichés de "boîtes noires",(목적어) + les enregistreurs de vols(목적어와 동격) = 그는 비행의 기록 녹음기인 블랙박스에 관한 몇 개의 사진을 보여주었다.
4. indiquant(현재분사로 동시성) + en avoir donné(과거분사 복합형) + copies(직.목) + aux secouristes(간.목) = 구조대원들에게 이것의 카피를 주었다고 알리면서
- en avoir donné에서 **en은 clichés를** 받고 있다. 다시 보면 **avoir donné copies des clichés로 de + n = 중성 대명사 en**으로 받을 수 있다.
- indiquant en avoir donné에서 주었다는 행위는 시장이 말하고 있는 시제보다 전에 이루어졌다고 볼 수 있다. 왜냐하면 avoir donné 자체가 이미 복합과거의 형태인데 앞에 현재분사 indiquant이 있고, 시장이 말한 때도 이미 복합과거이기 때문에 여기 avoir donné는 복합과거 이전의 시제로 볼 수도 있다. 즉 이것은 il a montré plusieurs clichés indiquqnt avoir donné copies des boîtes noires가 된다.
5. ceux-ci(블랙박스의 사진) + identifieraient(identifier동사 조건법 현재) + les boîtes des deux avions(목적어) = 이것들은 두 비행기의 블랙박스를 판별 할 것이다.
6. qui(두 비행기) + ont percuté(percuter동사 복합과거) + les tours jumelles du WTC(목적어) = 세계무역쎈타의 쌍둥이 빌딩에 충돌했던 (두 비행기)

"이것은 조사를 위해 소중한 도움의 하나가 될 것이다"라고 그는 내세웠다. 그는 세계무역센타의 쌍둥이 빌딩에 충돌했던 두 비행기의 블랙박스를 건물의 잔해에서 알아보게 될 경우에(를 대비하여)구조대원들에게 블랙박스의 카피를 주었다고 알리면서 비행의 기록 녹음기인 블랙박스에 관한 몇 개의 사진을 보여주었다.

공쿠르상

2001년 11월 5일자 뉴스로 프랑스 문학에서 최고의 가치를 인정해주는 것으로 인정받는 공쿠르상과 르노도상의 수상자가 결정이 났다는 기사입니다.
오늘 "붉은 브라질"의 작가 장-크리스토프에게 공쿠르상이 "셀레스트"의 작가 마르티느 르 코즈에게 르노도상이 수여되었다고 합니다. 프랑스에서 이와 같은 상을 받은 작품은 붉은 테로 둘러싸여 진열대에 놓여 많은 독자들의 눈길을 끌게 됩니다. 수상자로 지정되기 전에 많은 예측과 기대 속에 문제작이나 화제작은 수상을 기다리고 또 독자들도 점을 치며 올해의 수상자가 누구일까 하며 기다리는 분위기를 상상하며 다음 기사를 보기로 합시다.

Le prix Goncourt 2001 a été attribué à Jean-Christophe Rufin pour son roman *Rouge Brésil* (Gallimard), au 10ème tour de scrutin, a annoncé Didier Decoin à l'issue de la délibération du jury au restaurant Drouant à Paris. L'ouvrage raconte la conquête du Brésil par les Français à la Renaissance.
Quant au prix Renaudot, il récompense Martine Le Coz pour *Céleste*(Le Rocher), au premier tour de scrutin avec 5 voix contre 3 à Michel Braudeau pour *L'interprétation des singes*(Stock). Le roman de Martine Le Coz était annoncé comme le grand favori, d'autant que son éditeur n'avait pas reçu de prix depuis plusieurs années, et s'était fait souffler de peu le Renaudot l'an dernier. Par ailleurs, le prix Renaudot de l'essai a été décerné à Simon Leys pour *Protée* (Gallimard).

Un 2e Goncourt pour Rufin

Le parcours de Jean-Christophe Rufin est marqué par l'engagement et les voyages. Né à Bourges en 1952, le lauréat du Goncourt 2001 a suivi des études de médecine avant d'entrer à Sciences Po. Une double formation qui l'a amené à occuper des postes au sein de grandes organisations humanitaires (Médecins Sans

Frontières, Croix-Rouge française) et de cabinets ministériels, auprès du secrétaire d' Etat aux Droits de l' homme Claude Malhuret en 1986 puis auprès de François Léotard, ministre de la Défense, comme conseiller spécialisé dans la réflexion stratégique sur les relations Nord-Sud, de 1993 à 1995. Il sera ainsi amené à se rendre en Tunisie, en Erythrée, au Brésil, au Nicaragua… Directeur de recherches à l' Institut des relations internationales et stratégiques, il conduit la mission humanitaire française en Bosnie en 1993. Il fait libérer onze otages français détenus par les Serbes de Bosnie en sympathisant avec les geôliers et en s'obligeant à boire avec eux, indique le magazine *Lire* sur son site Internet.
Son roman *L'abyssin* obtient en 1997 le prix Goncourt du premier roman et le prix Méditerranée. c'est également un grand succès public, avec plus de 300 000 exemplaires vendus et 19 traductions. En 1999, *Les Causeperdues* remporte le prix Interallié au premier tour avec 6 voix sur 10.

작가와 작품에 대한 설명을 보기로 합시다.

Le prix Goncourt 2001 a été attribué à Jean-Christophe Rufin pour son roman *Rouge Brésil* (Gallimard), au 10ème tour de scrutin, a annoncé Didier Decoin à l'issue de la délibération du jury au restaurant Drouant à Paris.

- attribuer à: …에게 주다, 부여하다
- scrutin: m. 투표
- à l'issue de: …가 끝난 후에
- délibération: f. 토의, 심의, 의결, 표결

1. 기본문장: Le prix Goncourt 2001(주어) + a été attribué(수동태 과거) + à Jean-Christophe Rufin(간.목) = 2001년 공쿠르상은 장 크리스토프 뤼팽에게 주어졌다.
2. 찬성, 지지: pour son roman *Rouge Brésil* (Gallimard) = (갈리마르 출판사)붉은 브라질에게
3. a annoncé Didier Decoin = 디디에 드코앵이 발표했다.
4. 언제: au 10ème tour de scrutin = 10번째 투표에서
5. à l'issue de la délibération du jury = 심사의원의 토의가 끝난 후에
6. 어디서: au restaurant Drouant à Paris = 파리에 있는 두루앙 식당에서

파리에 있는 두루앙 식당에서 심사의원의 토의가 끝난 후에 10번째 투표에서 2001년 공쿠르상은 장 크리스토프 뤼팽의 소설 (갈리마르 출판사)붉은 브라질에게 주어졌다라고 디디에 드코앵이 발표했다.

L'ouvrage raconte la conquête du Brésil par les Français à la Renaissance.

- raconter: 이야기하다
- conquête: f. 정복

1. 기본문장: L'ouvrage(주어) + raconte(동사) + la conquête du Brésil(목적어) + par les Français(동작주) = 작품은(소설은) 프랑스인에 의한 브라질의 정복을 이야기하고 있다.
2. 시대: à la Renaissance = 르네상스때

작품은 르네상스때 프랑스인에 의한 *브라질의 정복*을 이야기하고 있다.

Quant au prix Renaudot, il récompense Martine Le Coz pour *Céleste*(Le Rocher), au premier tour de scrutin avec 5 voix contre 3 à Michel Braudeau pour *L'interprétation des singes*(Stock).

- Quant à: …에 대해 말하자면
- récompenser: …에게 상주다
- voix: f. 동의, 투표

1. Quant au prix Renaudot = 르노도상에 대해 말하자면
2. 기본문장: il(상) + récompense(동사) + Martine Le Coz(간.목) + pour Céleste(Le Rocher)(직목) = 상은 (로쉐 출판사)셀레스트를 위해 마르티느 르 코즈에게 주고 있다.
3. 언제: au premier tour de scrutin avec 5 voix = 5표로 첫 번째의 투표에서
4. contre 3 à Michel Braudeau pour *L'interprétation des singes*(Stock) = (스톡 출판사) 원숭이들의 해석을 위해(의 작가) 미셀 브로도에게 3표에 대해

르노도상에 대해 말하자면 (스톡 출판사) 원숭이들의 해석으로 (의 작가)미셀 브로도의 3표에 대해 5표로 첫 번째의 투표에서 상은 (로쉐 출판사) 셀레스트로 마르티느 르 코

즈에게 주고 있다.

Le roman de Martine Le Coz était annoncé comme le grand favori, d'autant que son éditeur n'avait pas reçu de prix depuis plusieurs années, et s'était fait souffler de peu le Renaudot l'an dernier. Par ailleurs, le prix Renaudot de l'essai a été décerné à Simon Leys pour *Protée*(Gallimard).

- favori: m. 매우 유리한
- d'autant que + ind.: …이므로, …이니까
- éditeur: m. 출판업자
- se faire souffler: 가로채다
- de peu: 약간의 차이로
- par ailleurs: 게다가
- décerner à: …에게 수여되다
- Protée: f. 역량, 재능, 중요성

1. 기본문장: Le roman de Martine Le Coz(주어) + était annoncé(수동태 반과거) = 마르틴느 르 코즈의 소설은 알려졌었다
2. 자격: comme le grand favori = 대단히 유리한 것으로
3. 이유: d'autant que son éditeur(종속절의 주어) + n'avait pas reçu(대과거 부정문) + de prix(목적어) = 그의 출판업자가 상을 받지 못했었으므로
4. 병렬문: et s'était fait souffler(대명동사 반과거) + le Renaudot(목적어) = 르노도상이 가로채였졌다.

- 이문장의 주어는 son éditeur이며, d'autant que로 이끌리어 이유를 설명하고 있다.

5. le prix Renaudot de l'essai(주어) + a été décerné(수동태 복합과거) + à Simon Leys (간.목) + pour Protée(Gallimard)(직.목) = 에세이에서 르노도상은(갈리마르 출판사) 재능으로 시몬 레이에게 주어졌다.

마르틴느 르 코즈의 소설은 그의 출판업자가 몇 년째 상을 받지 못했었었고 지난해 약간의 차이로 르노도상이 가로채였졌었기 때문에 대단히 유리한 것으로 알려졌었다.

Un 2e Goncourt pour Rufin

뤼팽에게 두 번째 공쿠르상이

Le parcours de Jean-Christophe Rufin est marqué par l'engagement et les voyages.

- parcours: m. 행로, 도정
- marquer: 강조하다, 자국을 남기다
- engagement: m. 사회참여

1. 기본문장: Le parcours de Jean-Christophe Rufin(주어) + est marqué(수동태 현재) + par l'engagement et les voyages(동작주) = 장 크리스토프 뤼팽의 행로는 사회참여와 여행으로 강조된다.

장 크리스토프 뤼팽의 행로는 사회참여와 여행으로 강조된다.

> Né à Bourges en 1952, le lauréat du Goncourt 2001 a suivi des études de médecine avant d'entrer à Sciences Po.

- lauréat: m. 수상자
- Sciences Po(science politique): f. 정치학과

1. Né à Bourges en 1952 = 1952년 부르흐에서 태어난
- le lauréat를 수식해주고 있으며, le lauréat와 동격이다.
2. 기본문장: le lauréat du Goncourt 2001(주어) + a suivi(suivre동사 복합과거) + des études de médecine(목적어) = 2001년 공쿠르의 수상자는 의학을 공부했다.
3. avant d'entrer à Sciences Po. = 정치학과에 들어오기 전
- avant de + inf.
- avant que + sub.

1952년 부르흐에서 태어난 2001년 공쿠르의 수상자는 정치학과에 들어오기 전에 의학을 공부했다.

> Une double formation qui l'a amené à occuper des postes au sein de grandes organisations humanitaires (Médecins Sans Frontières, Croix-Rouge française) et de cabinets ministériels, auprès du secrétaire d' Etat aux Droits de l' homme Claude Malhuret en 1986 puis auprès de François Léotard, ministre de la Défense, comme conseiller spécialisé dans la réflexion stratégique sur les relations Nord-Sud, de 1993 à 1995.

- formation: f. 교육, 지식
- amener qn à + inf. : …에게…하게 하다
- occuper qn de : …에 마음을 쓰게 하다, 전념하게 하다, 몰두하다
- poste: m. 부서
- au sein de: …속에, …에 둘러싸여
- humanitaire: 인도주의적인
- cabinets ministériels: 내각
- auprès de: …의 옆에서
- secrétaire d' Etat: m. 정무차관
- conseiller: m. 고문
- spécialisé dans : …을 전문으로 하다
- réflexion: f. 의견, 생각
- stratégique: 전략상의, 전략적인

1. Une double formation = 이중 교육

– 이 문장은 **c'est…qui의 문장으로 보는 것이 좋다.** 즉 c'est une double formation qui… 해석하면 **이것은 …하게 한 이중 교육이다**

2. 종속절: qui(이중 교육) + l'(뤼팽) + a amené(복합과거) + à occuper des postes (목적절) = 이것은 그를 부서에서 몰두하게 했다.
3. 어디서: au sein de grandes organisations humanitaires (Médecins Sans Frontières, Croix-Rouge française) et de cabinets ministériels = 큰 규모의 인도주의적인 기구와 (국경 없는 의사회, 프랑스 적십자회) 내각에 둘러싸여
4. 누구 옆에서: auprès du secrétaire d' Etat aux Droits de l' homme Claude Malhuret en 1986 puis auprès de François Léotard, ministre de la Défense = 1986년에는 인권 정무 차관인 클로드 말위렛, 그다음엔 국방부 장관인 프랑소아 레오타르 옆에서
5. 자격: comme conseiller spécialisé dans la réflexion stratégique sur les relations Nord-Sud, de 1993 à 1995 = 1993년에서 1995년까지 남-북 관계에 관한 전략적인 사고를 전문으로 하는 고문으로

이중교육 이것은 그를 큰 규모의 인도주의적인 기구와(국경 없는 의사회, 프랑스 적십자회) 내각에 둘러싸여 1986년에는 인권 정무 차관인 클로드 말위렛, 그 다음엔 국방부 장관인 프랑소아 레오타르 옆에서, 1993년에서 1995년까지는 남-북 관계에 관한 전략적인 사고를 전문으로 하는 고문으로 다양한 부서에서 몰두하게 했다

Il sera ainsi amené à se rendre en Tunisie, en Erythrée, au Brésil, au Nicaragua…

- amener qn à + inf. : …에게…하게 하다
- se rendre + 장소: …에 가다
- Erythrée: f. 에리투리아
- **남성국가 앞에는 전치사 à가, 여성국가 앞에는 전치사** en이 붙는다.

1. 기본문장: Il(주어) + sera ainsi amené(수동태 전미래) à se rendre en + 장소 = 그는 그렇게 해서 …에 가게 된다.

그는 그렇게 해서 튜니지, 에리투리아, 브라질, 니카라구아에 가게 된다.

Directeur de recherches à l' Institut des relations internationales et stratégiques, il conduit la mission humanitaire française en Bosnie en 1993.

- recherche: f. 연구
- Institut: m. 기관
- conduire: 인도하다, 지휘하다
- mission: f. 임무, 사절단

1. 주어와 동격: Directeur de recherches(자격) + à l' Institut des relations internationales et stratégiques(기구) = 국제 전략 관계 기구에서 연구원장
2. 기본문장: il(주어) + conduit(동사) + la mission humanitaire française(목적어) = 그는 프랑스의 인도주의적인 임무를 지휘한다.
3. 언제 어디서: en Bosnie en 1993 = 1993년 보스니아에서

국제 전략 관계 기구에서 연구원장인 그는 1993년 보스니아에서 프랑스의 인도주의적인 임무를 지휘한다.

Il fait libérer onze otages français détenus par les Serbes de Bosnie en sympathisant avec les geôliers et en s'obligeant à boire avec eux, indique le magazine *Lire* sur son site Internet.

- libérer: 해방하다, 석방하다
- otage: m. 포로
- détenu: 억류된

- sympathiser avec: …와 공감[공명]하다
- geôlier: n. 간수, 감시자
- s'obliger à + inf.: 책임지다, 억지로 …하게 하다

1. 기본문장: Il(주어) + fait libérer(사역으로 현재) + onze otages français(목적어) + détenus(형용사로 수동태적) + par les Serbes de Bosnie(동작주) = 그는 보스니에서 세르비아 사람들에 의해 억류된 11명의 프랑스인 포로를 석방하게 한다.
2. 어떻게: en sympathisant(제롱디프) avec les geôliers et en s'obligeant(제롱디프) à boire avec eux = 감시자와 공감하면서 또 그들과 함께 술을 마시면서

- s'obliger à + inf.에서 **se는 목적어 구실**을 하고 있다. 즉 **스스로를 하게 하면서**의 의미다.

3. 주절: indique(동사) + le magazine Lire(주어) + sur son site Internet(부사구) = 그의(뤼팽의) 인터넷 사이트에서 리르 잡지가 지적하고 있다.

그는 보스니아에서 세르비아 사람들에 의해 억류된 11명의 프랑스인 포로를 감시자와 공감하면서 또 그들과 함께 술을 마시면서 석방하게 한다라고 그의 인터넷 사이트에서 *리르* 잡지가 지적하고 있다.

Son roman *L'abyssin* obtient en 1997 le prix Goncourt du premier roman et le prix Méditerranée.

- abyssin: m. 아비시니아 사람
- Méditerranée: f. 지중해

1. 기본문장: Son roman L'abyssin(주어) + obtient(동사) + le prix Goncourt(목적어) + et +le prix Méditerranée(목적어) = 그의 소설 아비시니아 사람은 1997년 공쿠르상을 받은 첫 소설이고 지중해 상을 받는다.

그의 소설 *아비시니아 사람*은 1997년 공쿠르상을 받은 첫 소설이고 지중해 상을 받는다.

c'est également un grand succès public, avec plus de 300 000 exemplaires vendus et 19 traductions.

- succès: m. 성공
- exemplaire: m. 권, 본
- traduction: f. 번역

1. 기본문장: c'(아비시니아 사람) + est(동사) + un grand succès public = 이것은 대단한 대중적인 성공이다.
2. avec plus de 300 000 exemplaires vendus et 19 traductions = 30만부 이상 팔리고 19개국어로(된) 번역과 함께

- avec는 exemplaires vendus et 19 traductions에 함께 걸리고 있다.
- **plus de + 수량표현으로 …이상**

30만부 이상 팔리고 19개국어로(된) 번역과 함께 이것은 또한 대단한 대중적인 성공이다.

En 1999, *Les Causeperdues* remporte le prix Interallié au premier tour avec 6 voix sur 10.

- Cause: f. 소송, 이유
- perdue: 잃어버린, 패소한
- remporter le prix: 상을 획득하다
- Interallié: 연합국의

1. 기본문장: *Les Causeperdues*(주어) + remporte(동사) + le prix Interallié(목적어) = '패소한 이유'는 연합국의 상을 획득한다
2. 어디서, 어떻게: au premier tour avec 6 voix sur 10 = 첫 투표에서 10표 중 6표로

1999년 *패소한 이유*는 첫 투표에서 10표 중 6표로 연합국의 상을 획득한다

사 자

2001년 10월 24일 뉴스로 짧지만 한 번 생각해 볼 만한 내용의 기사입니다. 2명의 관광객을 물었다는 이유로 평생을 작은 철창에서 살게 판정을 받은 한 마리 사자에 관한 기사입니다. 이와 같은 판결에 많은 사람들이 사자의 편을 들고 있다고 합니다. 야생 동물을 인간 마음대로 잡아다 가둬놓고, 또 인간을 물었다고 벌을 주는 이 이야기는 자연이라는 범주에 있는 모든 생명체에 대해, 또 그들의 권리에 대해 생각하게 하고 있습니다.

Un lion chinois a été condamné à passer le reste de sa vie dans une petite cage. Motif : l' animal était accusé d' avoir blessé deux touristes. Le fait pourrait paraître anecdotique, s' il n' avait provoqué une vive émotion à Wuhan, une grande ville du centre de la Chine, dont le lion est originaire… et qu' il n' avait eu droit aux colonnes du quotidien *Matin de Shanghai.*

L' affaire remonte au 6 octobre dernier. Ce jour-là, une mère et son fils avaient été blessés par le lion alors qu'ils jetaient des poulets depuis la fenêtre ouverte d'un bus circulant à travers un parc dans lequel les animaux étaient en liberté. Le garçon avait été sérieusement mordu au bras par le lion, tandis que sa mère avait également été blessée en tentant de lui faire lâcher prise. L'enfant se trouve encore à l'hôpital.

Les lecteurs estiment que le lion est innocent

Il n'est pas rare de trouver en Chine de tels parcs présentant des animaux sauvages en liberté, que des touristes non avertis sont invités à nourrir. Le zoo de Wuhan vendait pour sa part les poulets au prix de 20 yuans (2,4 dollars) pièce et permettait aux touristes de les jeter en pâture aux lions. Mais plutôt que de renforcer les mesures de sécurité dans le parc, les responsables avaient décidé de punir l'animal en l'enfermant dans une cage en permanence, suscitant déjà une vive controverse dans la press locale. De nombreux lecteurs des journaux locaux estiment que le lion est innocent, tandis que les visiteurs du parc animalier n'hésitent pas à venir plaider sa cause.A quand un procès en bonne et due forme pour le lion incarcéré ?

가엾은 사자의 이야기를 하나 씩 보기로 합시다.

Un lion chinois a été condamné à passer le reste de sa vie dans une petite cage. Motif : l' animal était accusé d' avoir blessé deux touristes.

- condamner à + inf.: …에게 형을 선고하다,
- cage: f. 철장
- motif: m. 이유, 동기
- accuser de + inf.: …할 것을 고발하다

1. 기본문장 1: Un lion chinois(주어) + a été condamné(수동태 복합과거) = 중국의 한 마리 사자가 형을 선고받았다.
2. 어떤 형: à + passer + le reste de sa vie (목적어) = 그의 남은 삶을 보내는데
3. 어디서: dans une petite cage = 작은 철장에서
4. 기본문장 2: l' animal(주어) + était accusé(수동태 반과거) + d' (동작주이며 부정법의 de) + avoir blessé(주절의 시제보다 먼저 일어난 사건으로 대과거로 볼 수 있음) + deux touristes(목적어) = 이 동물은 두 명의 관광객을 다치게 했던 것으로 고발되었다.

중국의 한 마리 사자가 작은 철장에서 그의 남은 삶을 보내는 형을 선고받았다. 이 동물이 두 명의 관객을 다치게 했다는 것으로 고발되었기 때문이다.

Le fait pourrait paraître anecdotique, s' il n' avait provoqué une vive émotion à Wuhan, une grande ville du centre de la Chine, dont le lion est originaire… et qu' il n' avait eu droit aux colonnes du quotidien *Matin de Shanghai.*

- anecdotique: 일화적인
- provoquer: 도발하다, 선동하다
- vif(ve): 격한, 흥분한
- originaire: …의 원산지
- avoir droit à qc: …을 받을 권리가[자격이] 있는
- colonne: f. 기사

1. 기본문장: Le fait(주어) + pourrait(조건법 현재로 추측) + paraître(본동사) +

anecdotique(속사) = 사건은 일화적으로 보일 수 있었을 것이다.

2. 조건절: s' (가정의 si) +il(사자) +n' avait provoqué(부정의 대과거) + une vive émotion(목적어) + à Wuhan(장소) = 그가 격한 감정을 도발하지 않았었다면
– 조건법에서 pas는 생략될 수 있다.
3. Wuhan은: une grande ville du centre de la Chine = 중국 중심의 대 도시인
4. dont le lion est originaire… = 사자가 근원지인(원인인)
– 여기서 dont은 une vive émotion에 걸리고 있다. 다시 말하면 le lion est originaire d'une vive émotion이 된다. 해석하면 사자가 이 격한 감정의 근원지이다가 된다.
5. qu' il(사자) + n' avait eu(대과거) + droit(목적어) = 그가 자격이 없었다면
– qu'il은 앞에 있는 le fait pourrait paraître anecdotique와 여결시키면 문장이 좀더 분명해지는 것을 알 수 있다. 즉 **Le fait pourrait paraître anecdotique qu' il n' avait eu droit aux colonnes …** = 그가 기사에 (실릴) 자격을 가지지 않았다면 사건은 일화적으로 보일 수 있었을 것이다로 le fait pourrait paraître anecdotique에 **조건절과 종속절이 걸리고 있음**을 알 수 있다.
6. 어디: aux colonnes du quotidien = 일간지의 기사에

중국 중심의 대 도시인 우환에서 사자가 근원지인(원인인) 격한 감정을 도발하지 않았었다면 '상하이의 아침' 일간지의 기사에 그가 (실릴) 자격이 없었다면 사건은 일화적으로 보일 수 있었을 것이다.

L' affaire remonte au 6 octobre dernier. Ce jour–là, une mère et son fils avaient été blessés par le lion alors qu'ils jetaient des poulets depuis la fenêtre ouverte d'un bus circulant à travers un parc dans lequel les animaux étaient en liberté.

- remonter à: …로 거슬러 올라가다
- dernier: 지난
- blesser: 상처를 입히다, 아프게 하다
- être en liberté: 자유롭다, 자유롭게 행동하다

1. 기본문장: L' affaire(주어) + remonte(동사) + au 6 octobre dernier = 사건은 지난 10월 6일로 거슬러 올라간다.
2. 기본문장: une mère et son fils(주어) + avaient été blessés(수동태 대과거) + par le lion (동작주) = 한 어머니와 (그녀의)아들이 (이)사자에 의해 다쳤습니다.
– 문장을 능동태로 바꾸면: le lion avait blessé une mère et son fils가 되고 해석하면 사

자가 한 어머니와 아들에게 상처를 입혔습니다가 된다.

3. 언제: alors qu'ils(어머니와 아들) + jetaient(반과거) + des poulets (목적어) = 그들이 닭을 던졌었을 때

– alors que는 여기서 quand와 같은 의미로 사용하고 있음.

4. 어디로부터: depuis la fenêtre ouverte(형용사)d'un bus circulant = 이동하는 버스의 열린 창으로부터
5. à travers un parc = 공원을 가로질러
6. 공원운: dans lequel(공원) + les animaux(주어) + étaient(반과거) + en liberté(상태) = 거기서 동물들은 자유로웠다.

사건은 지난 10월 6일로 거슬러 올라간다. 그 날 동물들이 자유로웠던 공원을 가로질러 이동하는 버스의 열린 창으로부터 닭을 던졌었을 때 어머니와 아들이 사자에게 물렸었다.

Le garçon avait été sérieusement mordu au bras par le lion, tandis que sa mère avait également été blessée en tentant de lui faire lâcher prise.

- sérieusement: 심각하게, 심하게
- mordre: 물다
- lâcher prise: 손을 놓다, 포기하다, 단념하다

1. 기본문장: Le garçon(주어) + avait été mordu(수동태 대과거) + par le lion(동작주) = 소년은 사자에게 물렸었다.
2. 동시성: sa mère(주어) + avait été blessée(수동태 대과거) + en tentant(방법을 나타내는 제롱디프) + de lui(사자) + faire lâcher prise(사역) = 그의 어머니는 그에게서 (잡은 것을) 놓게 하기 위하여 시도하면서 상처를 입었었다.

소년은 팔을 심각하게 사자에게 물렸었고 그러는 동안 그의 어머니도 동시에 사자에게서 (잡은 것을) 놓게 하려하면서 상처를 입었었다

L'enfant se trouve encore à l'hôpital.

- se trouver: 이다, 있다.(= être)

1. enfant se trouve encore à l'hôpital = L'enfant est encore à l'hôpital

어린아이는 여전히 병원에 있다.

Les lecteurs estiment que le lion est innocent
독자들은 사자가 무죄라고 평가하고 있다

Il n'est pas rare de trouver en Chine de tels parcs présentant des animaux sauvages en liberté, que des touristes non avertis sont invités à nourrir.

- averti: 주의를[통지, 경고] 받은
- inviter à + inf.: …을 초대하다, 권하다, 권고하다

1. 기본문장: Il n'est pas rare(비인칭 구문) + de trouver(진주어) + en Chine(장소) + de tels parcs (목적어) = 중국에서 이와 같은 공원을 발견하는 것은 드문 일이 아니다.
2. 공원은: présentant(현재분사) + des animaux sauvages(목적어) + en liberté(상태) = 자유롭게 있는 야생동물은 보여주는
- de tels parcs présentant은 다음과 같이 바꿔볼 수 있다. **de tels parcs qui présente**로. 여기서 de는 형용사 복수 + 명사 복수일 때 des가 de가 된 것이다.
3. que des touristes(주어) + non avertis(속사) + sont invités(수동태 현재) + à nourrir (목적) = 주의를 받지 않은 관광객이 먹을 것을 권고하다.
- 이 **문장 앞에 Il n'est pas rare가 생략된 것**이다. 그러므로 문장을 볼 때 이 것을 염두에 두고 봐야 한다.

중국에서 자유롭게 있는 야생동물은 보여주고 주의를 받지 않은 관광객이 먹을 것을 권고하는 이와 같은 공원을 발견하는 것은 드문 일이 아니다

Le zoo de Wuhan vendait pour sa part les poulets au prix de 20 yuans (2,4 dollars) pièce et permettait aux touristes de les jeter en pâture aux lions.

- au prix de: …의 가격에(으로)
- permettre à qn de + inf.: …에게 …하는 것을 허용하다
- pâture: f. 먹이, 사료

1. 기본문장: Le zoo de Wuhan(주어) + vendait(반과거) + les poulets(목적어) = 우환 동물원은 닭고기를 팔았었다.
2. 얼마에: au prix de 20 yuans (2,4 dollars) pièce = 개당 20위엔(2.4달러)의 가격으로
- 한 개당 얼마의 가격에 라고 할 때 pièce에 전치사나 관사를 사용하지 않는다. 한 개 1 프랑이라고 하면 un franc pièce라고 하면 된다.
3. (Le zoo de Wuhan) + permettait(반과거) + aux touristes(간.목) + de les(닭들) jeter en pâture + aux lions(간.목) = 관광객에게 그것들을 먹이로 사자에게 던지는 것을 허용했었다.
- 주어가 동일한 두 개의 문장에서는 뒤에 오는 문장의 주어는 생략한다.

우환 동물원은 그들 몫으로 개당 20위엔(2.4달러)의 가격으로 닭고기를 팔았었고 관광객에게 그것들을 먹이로 사자에게 던지는 것을 허용했었다.

Mais plutôt que de renforcer les mesures de sécurité dans le parc, les responsables avaient décidé de punir l'animal en l'enfermant dans une cage en permanence, suscitant déjà une vive controverse dans la press locale.

- plutôt que de + inf.: de이하를 하느니 차라리 …하겠다
- renforcer: 강화하다
- mesure: f. 대책, 조치, 수단
- cage: f. 철장
- controverse: f. 논쟁, 논란
- la press locale: 지역신문

1. 대립절: Mais plutôt que de renforcer les mesures de sécurité dans le parc = 그러나 공원내의 안전에 대한 조치를 강화하기 보다
- de sécurité의 **de는 …에 관한, 대한**으로 해석하는 것이 좋다.
2. 기본문장: les responsables(주어) + avaient décidé(대과거) + de = 책임자들은 de 이하를 결정했었다.
3. de이하는: punir l'animal(목적어) + en l'(동물) enfermant(제롱디프) + dans une cage (장소) + en permanence(시간) = 동물을 영구히 철장에 가두면서 그를 벌하다.
3. suscitant(현재분사) + une vive controverse(목적어) + dans la press locale = 지역 신

문에 격한 논쟁을 유발하면서

- 현재분사는 제롱디프와 마찬가지로 동시성을 의미하나, 이것은 종속절로 대치가 가능하다. 즉 suscitant déjà une vive controverse은 qui suscite나 qui suscitait déjà une vive controverse로 바꿔볼 수 있다. 여기서 susciter동사는 주절에 시제를 맞추어야 한다. 그러나 현재분사로 사용할 때는 시제를 문제삼지 않아도 된다.
- suscitant을 qui suscite로 보면 문장이 좀 더 분명해지는 것을 알 수 있다. 즉 qui가 앞에 있는 내용, 동물을 가둔다는 것을 알려주고 있다. 따라서 동물을 가둔다는 것은 …을 유발하고 있다가 된다.

그러나 공원내의 안전에 대한 조치를 강화하기 보다 책임자들은 동물을 영구히 철장에 가두면서 그를 벌하기를 결정했었고 이것은 지역 신문에 격한 논쟁을 유발하고 있다.

De nombreux lecteurs des journaux locaux estiment que le lion est innocent, tandis que les visiteurs du parc animalier n'hésitent pas à venir plaider sa cause.

- lecteur: m. 독자
- estimer: 평가하다
- innocent: 죄가 없는, 무죄의
- parc animalier: m. (자연) 동물원
- hésiter à + inf.: …하는 것을 주저하다
- plaider: 변호하다, 변론하다
- cause: f. 이유, 입장

1. 기본문장: De nombreux lecteurs des journaux locaux(주어) + estiment(동사) + que 이하 = 지역신문의 수 많은 독자들은 que이하를 평가하고 있다.
- De = nombreux(형용사 복수) + lecteurs(명사복수) 앞에서 des는 de가 된다.
2. que이하는: le lion(주어) + est(동사) + innocent (속사) = 사자는 죄가 없다고
3. 동시성: tandis que(그러는 동안) + les visiteurs du parc animalier(주어) + n'hésitent pas(부정의 현재) + à venir plaider + sa cause(목적어) = 그러는 동안 동물원의 방문객들은 그의 입장을 변론하러 오는 것을 주저하지 않고 있다.
- venir plaider는 vrnir pour plaider로 문장을 보면 된다. 즉 plaider는 venir의 목적어 구실을 하고 있다.

지역신문의 수 많은 독자들은 사자는 죄가 없다고 평가하고 있다. 그러는 동안 동물원의 방문객들은 그의 입장을 변론하러 오는 것을 주저하지 않고 있다.

A quand un procès en bonne et due forme pour le lion incarcéré?

- à quand: 언제
- procès: m. 소송
- en bonne et due forme: 헌법 규정에 맞는, 규정에 맞게 작성된
- incarcérer: 투옥하다, 구치하다

1. 이 문장을 평이하게 바꾸면 다음과 같다.
   ce sera à quand un procès = 소송은 언제 일까
2. en bonne et due forme pour le lion(목적어) + incarcéré(속사) = 구속된 사자를 위한 규정에 맞는

구속된 사자를 위한 규정에 맞는 소송은 언제 일까?

영국 총리

2001년 10월 4일자 뉴스입니다. 토니 블래어 영국 총리는 9월 11일에 있었던 테러의 주범이 오사마 벤 라덴이 주범이라는 증거를 가지고 있다고 말하고 있다. 영국 총리는 이 아랍의 백만장자가 테러의 가능성을 그의 주변에게 알렸고 비행기 납치범들이 벤 라덴과 연결되어 있다는 것이 확실하게 밝혀졌다고 말하고 있다. 이 기사는 영국의 첩보 활동이 얼마나 민첩한가를 보여주는 단면이라 하겠다.

Le Premier ministre britannique Tony Blair a affirmé jeudi aux Communes qu'Oussama ben Laden, soupçonné d'être le commanditaire des attentats du 11 septembre, avait – "peu avant" – prévenu ses lieutenants de l'imminence d'une attaque anti–américaine. "Plusieurs personnes ont été appelées à rentrer en Afghanistan en raison d'une action le 11 septembre ou autour de cette date", a déclaré M. Blair. "Et encore plus important, l'un des lieutenants les plus proches de ben Laden a clairement indiqué qu'il avait aidé à la préparation des attentats du 11 septembre et a reconnu son implication dans l'organisation al–Qaida" de ben Laden, a ajouté le Premier ministre britannique.

Trois pirates au moins sont liés

C'est la première fois qu'un dirigeant occidental apporte des précisions sur la nature des éléments qui ont permis à Washington de désigner le chef islamiste d'origine saoudienne comme le commanditaire des attentats qui ont fait quelque 5.500 morts ou disparus aux Etats–Unis. Tony Blair, qui s'exprimait quelques heures avant de quitter Londres pour Moscou et Islamabad, a souligné n'avoir "absolument aucun doute" sur le fait qu'Oussama ben Laden a commandité ces attentats. "Au moins trois des auteurs des attentats aux Etats–Unis ont été formellement identifiés" comme étant liés à Oussama ben Laden, a poursuivi M. Blair, citant des informations fournies par les services de renseignement et confidentielles. Tony Blair a ajouté qu'il avait "des éléments de preuve encore plus directs", mais qu'il ne pouvait pas les révéler pour ne pas nuire à la suite de l'enquête et pour des raisons de sécurité.

Changement de régime

Parce que les taliban au pouvoir à Kaboul abritent et protègent ben Laden, un changement de régime en Afghanistan sera nécessaire si les taliban au pouvoir à Kaboul ne cessent pas leur soutien au "terrorisme international", a prévenu le Premier ministre. "S'ils ne respectent pas cet objectif, nous devons faire en sorte que le régime change pour nous assurer que les liens de l'Afghanistan avec le terrorisme international sont rompus", a souligné M. Blair. "Nous nous engageons maintenant à travailler ensuite avec eux (les Afghans), à l'intérieur et en dehors de l'Afghanistan, à leur assurer un avenir meilleur, plus pacifique, libéré de la répression et de la dictature sous laquelle ils vivent aujourd'hui", a ajouté le Premier ministre. Il a conclu en précisant que "nous sommes à présent proches de ce moment difficile où une action [militaire et humanitaire] doit être engagée".
De leur côté, les taliban se montrent plus fermes. L'ambassadeur des taliban au Pakistan a affirmé qu'Oussama ben Laden ne serait pas automatiquement livré à Washington même si son implication dans les attentats était prouvée, dans une déclaration publiée jeudi dans le journal émirati al-Khaleej. "Si nous recevons une telle preuve, ben Laden sera jugé conformément à la loi islamique et s'il est condamné nous examinerons les suites à donner à cette affaire", a ajouté M. Zaeef.

미국과 입장을 같이 하는 영국총리의 설명을 하나 씩 보기로 합시다.

Le Premier ministre britannique Tony Blair a affirmé jeudi aux Communes qu'Oussama ben Laden, soupçonné d'être le commanditaire des attentats du 11 septembre, avait - "peu avant" - prévenu ses lieutenants de l'imminence d'une attaque anti-américaine.

- affirmer: 단호하게 말하다, 주장하다
- Les Communes: f. (영국의) 하원
- soupçonner: 의심하다, 추측하다, 혐의를 두다
- commanditaire: m. 출자자

- prévenir qn de qc: …에 …을 알리다
- lieutenant: m. 보좌관, 부관
- imminence: f. 임박, 촉박

1. 기본문장: Le Premier ministre britannique Tony Blair(주어) + a affirmé(affirmer동사 복합과거) + que = 토니 블레어 영국총리는 que이하를 주장했다.
2. 언제: jeudi = 목요일
3. 어디서: aux Communes = 의회에서
4. que 이하: Oussama ben Laden(종속절 주어) + avait prévenu(prévenir동사 대과거) + ses lieutenants(간.목) + de l'imminence d'une attaque anti-américaine(직.목) = 오사마 벤 라덴은 그의 부관에게 반 미국 공격의 임박을 알렸었다.
5. soupçonné d'être le commanditaire des attentats du 11 septembre = 9월 11일 공격의 출자자로 의심받는

– 벤 라덴을 설명하고 있다.

토니 블레어 영국총리는 목요일 의회에서 9월 11일 공격의 출자자로 의심받는 오사마 벤 라덴은 그의 부관에게 반 미국 공격의 임박을 "직전에" 알렸었다고 주장했다.

"Plusieurs personnes ont été appelées à rentrer en Afghanistan en raison d'une action le 11 septembre ou autour de cette date", a déclaré M. Blair.

- appeler à + inf.: …하도록 소환하다
- en raison de: …을 고려해서, 연류, …에 따라

1. 기본문장: Plusieurs personnes(주어) + ont été appelées(appeler동사 수동태 복합과거) + à rentrer en Afghanistan = 여러 명이 아프가니스탄으로 되돌아오도록 소환 당했다.
2. en raison d'une action le 11 septembre ou autour de cette date = 9월 11일이나 이 날자 당시 행동에 따라
3. a déclaré M. Blair = 블레어씨가 진술했다.

"9월 11일이나 이 날자 당시 행동에 따라 여러 명이 아프가니스탄으로 되돌아오도록 소환 당했다"고 블레어씨가 진술했다

"Et encore plus important, l'un des lieutenants les plus proches de ben Laden a clairement indiqué qu'il avait aidé à la préparation des attentats du 11 septembre et a reconnu son implication dans l'organisation al-Qaida" de ben Laden, a ajouté le Premier ministre britannique.

- reconnaître: 인정하다
- aider à: …을 도와주다
- implication: f. 관련, 연류

1. 기본문장: l'un des lieutenants(주어) + a clairement indiqué(indiquer동사 복합과거) + que = 부관 중 하나가 que이하를 분명하게 지적했다.
- les plus proches de ben Laden 은 부관들에 대한 설명으로 lieutenants과 동격임.
2. que이하: il(부관) + avait aidé(대과거) + et + a reconnu (복합과거) = 그는 도와주었었고 인정했다.
3. 무엇을 도와주었나: à la préparation des attentats du 11 septembre = 9월 11일 공격의 준비를
4. 무엇을 인정하나: son implication dans l'organisation al-Qaida" de ben Laden = 벤 라덴의 알 쾨이다 조직 내에 연류를
5. a ajouté le Premier ministre britannique = 영국총리는 덧붙이고 있다.

"그리고 더 중요한 것은 벤 라덴의 가장 가까운 보좌관 중 하나가 분명하게 9월 11일의 공격에 대한 준비를 도와주었다는 것과 벤 라덴의 알 쾨이다 조직 내에 그의 연류를 인정하고 있다는 것을 밝히고 있다는 것 입니다"라고 영국의 총리는 덧붙이고 있다.

Trois pirates au moins sont liés
적어도 3개의 비행기 납치와 연류가 된

C'est la première fois qu'un dirigeant occidental apporte des précisions sur la nature des éléments qui ont permis à Washington de désigner le chef islamiste d'origine saoudienne comme le commanditaire des attentats qui ont fait quelque 5.500 morts ou disparus aux Etats-Unis.

- apporter: 제시하다, 보이다

■ permettre à qn + de + qn/qc : …을 …하도록 허용하다
■ désigner comme: …으로 지칭하다

1. 기본문장: C'est la première fois que = que 이하는 처음이다
2. que이하는: un dirigeant occidental (종속절 주어) + apporte(동사) + des précisions (목적어) = 서구의 지도자는 상세한 사항을 제시하고 있다.
- 이 문장은 c'est que의 문징으로 …하는 것은 …이다로 해석하나 문장의 특성을 좀 더 보여주기 위하여 문장을 주절과 종속절로 갈라놓았다.
3. 무엇에 대한 자세한 사항: sur la nature des éléments = 사항들에 관한 본질에 대하여
4. 문제의 본질들은: qui(des éléments) + ont permis(복합과거) + à Washington(간.목) + de désigner le chef islamiste(직.목) + d'origine saoudienne(목적보어) + comme le commanditaire des attentats(자격) = 이것은 워싱턴에게 사우디 아랍 출신의 이 회교도 우두머리를 공격의 출자자로 지칭하는 것을 허용하고 있다.
5. qui(공격) + ont fait(복합과거) + quelque 5.500 morts ou disparus(목적어) + aux Etats-Unis = (이것은) 미국에서 대략 5천 5백명의 사망자 또는 행방불명을 만들어냈다.

워싱턴이 미국에서 대략 5500명의 사망자와 실종자를 내었던 공격의 출자자로 사우디 출신인 이슬람의 우두머리를 지칭하게 허용했던 요소들의 본질에 관하여 상세한 사항을 서방의 지도자가 제시하는 것은 처음 있는 일이다.

Tony Blair, qui s'exprimait quelques heures avant de quitter Londres pour Moscou et Islamabad, a souligné n'avoir "absolument aucun doute" sur le fait qu'Oussama ben Laden a commandité ces attentats.

■ commanditer: 출자하다, 후원하다, 자본을 대다

1. 기본문장: Tony Blair(주어) + a souligné(동사) + que = 토니 블레어는 que이하를 강조했다.
2. (qu'il) n'avoir(n'a) "absolument aucun doute" sur le fait = 이 사실에 대하여 어떤 의심도 가지고 있지 않다.
- 원래 이 문장은 que로 이끌리는 종속절을 가질 수 있으나 que이하의 주어가 주절의 주어와 같으므로 부정법 절이 오고 있다.
3. que이하: Oussama ben Laden(종속절 주어) + a commandité(복합과거) + ces attentats(목적어) = 오사마 벤 라덴은 이 공격을 후원했었다.
4. qui(토니 블레어) + s'exprimait(반과거) = 그는 설명했었다.

- 토니 블레어를 설명하고 있다.
5. 언제: quelques heures avant de quitter Londres pour Moscou et Islamabad = 모스크바와 이슬라마바드를 향하여 런던을 떠나기 몇 시간 전에.
- 여기서 주의할 것은 **quitter pour + 장소**를 나타내는 명사와 **avant de + inf.**의 차이점이다. **avant que + sub.**와 구별해서 사용해야 한다.

모스크바와 이슬라마바드를 향하여 런던을 떠나기 몇 시간 전에, 토니 블레어는 우사마 벤 라덴이 이 공격을 후원했었다는 사실에 대하여 어떤 의구심도 없다고 강조했다.

"Au moins trois des auteurs des attentats aux Etats-Unis ont été formellement identifiés" comme étant liés à Oussama ben Laden, a poursuivi M. Blair, citant des informations fournies par les services de renseignement et confidentielles.

- auteur: m. 창조자, 작가, 주모자, 장본인
- poursuivir: [이야기를] 계속하다

1. 기본문장: trois des auteurs des attentats aux Etats-Unis(주어군) + ont été identifiés (identifier동사 수동태 복합과거) = 미국에서 공격의 주모자 중 3명은 신분이 밝혀졌다.
2. **comme: 이유를 나타내고 있다.**
3. étant liés à Oussama ben Laden = 오사마 벤 라덴에 연결되어 있었다.
- 과거분사의 복합형 과거는 주절의 동사보다 먼저 일어난 완료된 행위로 대과거의 역할을 한다.
4. a poursuivi M. Blair = 블레어씨는 명백하게 밝혔다.
- 문장과 문장 사이에 있으므로 주어 동사가 도치가 된 문장임.
5. citant(현재분사로 동사적 기능) + des informations(목적어) = 정보를 인용하면서
- 이 문장은 다음과 같이 바꿔 볼 수 있다.

M. Blaire qui cite des informations…. = 정보를 인용하는 블레어씨는 (명백하게 밝혔다)

6. 정보는: fournies par les services de renseignement et confidentielles = 비밀 정보부에 의해 제공된

오사마 벤 라덴과 연결이 되어있었으므로 "적어도 미국에서의 공격의 주모자들 중 3명은 공식적으로 신원이 밝혀졌다" 라고 비밀 정보부에서 제공된 정보를 인용하면서 블레어씨는 분명하게 밝혔다.

Tony Blair a ajouté qu'il avait "des éléments de preuve encore plus directs", mais qu'il ne pouvait pas les révéler pour ne pas nuire à la suite de l'enquête et pour des raisons de sécurité.

- direct: 솔직한, 노골적인
- nuire: 훼손하다, 방해하다
- à la suite de: …의 후에, …을 하고 나서

1. 기본문장: Tony Blair(주어) + a ajouté(복합과거) + que = 토니 블레어는 que이하를 덧붙였다.
2. que이하 1: il(영국총리) + avait(반과거) + des éléments de preuve = 그는 증거(의)자료를 가지고 있었다.
3. que이하 2: il(영국총리) + ne pouvait pas(부정문. 반과거) + les(목적어) révéler(본동사) = 그는 그것을(증거자료) 폭로할 수 없었다.
4. 목적절: pour ne pas nuire à la suite de l'enquête = 수사에 따라 망치지 않게 하기 위하여.(수사로 인해 망치는 것을 막기 위해)

– 부정법의 부정은 **동사의 원형 앞에** ne pas를 놓는 것이다.

5. pour des raisons de sécurité = 보안에 대한 이유로

토니 블레어는 좀 더 솔직한 증거자료를 가지고 있었지만 그는 수사(함)에 따라 훼손이 되지 않게 하기 위하여 또 보안에 대한 이유로 그것을 폭로 할 수 없었다고 덧붙였다.

Changement de régime

제도의 변화

Parce que les taliban au pouvoir à Kaboul abritent et protègent ben Laden, un changement de régime en Afghanistan sera nécessaire si les taliban au pouvoir à Kaboul ne cessent pas leur soutien au "terrorisme international", a prévenu le Premier ministre.

- abriter: 맞아들이다, 피난시키다
- soutien: m. 지지, 원, 지원
- prévenir: 예고하다, 경고하다

1. Parce que les taliban au pouvoir(주어) + abritent et protègent(동사) + ben Laden (목적어) = 권력이(에) 있는 탈리반들이 벤 라덴을 피신시키고 보호하고 있으므로
2. 기본문장: un changement de régime(주어) + sera(être동사 미래) + nécessaire(주어속사) = 제도의 변화가 필요 할 것이다.

- 회화에서는 조건절에 현재를 사용하고 주절에서 미래를 사용하는 경우가 많다

3. 조건절: si les taliban au pouvoir(주어) + ne cessent pas(cesser동사) + leur soutien (목적어) = 권력에(이) 있는 탈리반들이 그들의 지원을 중단하지 않는다면
4. au "terrorisme international" = 국제 테러에
5. a prévenu le Premier ministre = 국무총리가 경고했다.

카불에서 권력에 있는 탈리반들이 벤 라덴을 피신시키고 보호하고 있으므로 카불에서 권력에(이) 있는 탈리반들이 "국제 테러"에 대한 그들의 지원을 중단하지 않는다면 아프가니스탄에서 제도의 변화가 필요 할 것이다라고 국무총리가 경고했다

"S'ils ne respectent pas cet objectif, nous devons faire en sorte que le régime change pour nous assurer que les liens de l'Afghanistan avec le terrorisme international sont rompus", a souligné M. Blair.

- objectif: m. 목표, 목적, 의도
- en sorte que + sub.: …하도록, …하기 좋게
- rompre: 부수다, 깨지다

1. si절: S'ils(탈리반) + ne respectent pas(respecter동사) + cet objectif(목적어) = 탈리반들이 이 목표를 존중하지 않는다면
2. 본문장: nous(영국총리 이하) + devons(조동사) + faire(본동사) + en sorte que le régime change(목적절) = 우리는 제도가 변화하기 좋게 해야(만들어야) 합니다.
3. pour nous assurer que = que이하를 우리에게 보장하기 위하여
4. que이하: les liens de l'Afghanistan avec le terrorisme international(주어) + sont rompus(rompre동사 복합과거) = 국제 테러단과 아프가니스탄의 관계는 깨졌습니다.
5. a souligné M. Blair = 블레어씨가 강조했습니다.

그들이 이 목적을 존중하지 않는다면 우리는 국제 테러단과 아프가니스탄의 관계가 깨어져 우리를 안심시키기 위하여 이 제도가 좋게 바뀌도록 해야 합니다.

"Nous nous engageons maintenant à travailler ensuite avec eux (les Afghans), à l'intérieur et en dehors de l'Afghanistan, à leur assurer un avenir meilleur, plus pacifique, libéré de la répression et de la dictature sous laquelle ils vivent aujourd'hui", a ajouté le Premier ministre.

- s'engager à + inf.: …할 결심을 하다, …을[,,,할 것을] 약속하다
- répression : f. 억압, 탄압

1. 기본문장: Nous(주어) + nous engageons(대명동사) + maintenant à travailler = 우리는 이제 활동 할 것을 약속합니다.
2. ensuite avec eux (les Afghans), à l'intérieur et en dehors de l'Afghanistan = 이어서 (아프가니스탄 사람들)그들과 함께, 아프가니스탄 내부에서 그리고 외부에서
3. (Nous nous engageons) à leur(간.목) + assurer(s'engager에 걸리는 동사원형) + un avenir meilleur(직.목) , plus pacifique = 그들에게 더 평화적인 좋은 미래를 보장할 것을 (약속합니다) .
4. **libéré de** la répression et (**libéré**) **de** la dictature = 억압과 독재에서 풀려난
5. sous laquelle(la dictature) ils vivent aujourd'hui = 오늘날 그들이 그 아래 살고 있는

"우리는 이제 활동할 것을 그리고 이어서 (아프가니스탄 사람들) 그들과 함께 아프가니스탄 내부에서 그리고 외부에서 억압과 그들이 오늘날 그 아래 살고 있는 독재로부터 풀려나 더 평화적인 더 낳은 미래를 보장할 것을 약속합니다."라고 국무총리는 덧붙였다.

Il a conclu en précisant que "nous sommes à présent proches de ce moment difficile où une action [militaire et humanitaire] doit être engagée".

- conclure: 결론을 내리다
- préciser: 명확하게, 분명하게 말하다, 강조하다
- à présent: 이제, 지금
- engager: 시작하다, 개시하다

1. 기본문장: Il(총리) + a conclu(복합과거) + en précisant(제롱디프) + que = 그는 que이하를 강조하면서 결론을 내렸다.

- **gérondif: 동시성으로 현재분사 앞에 전치사 en이 온 것으로 주절의 동사와 관련이 있으며 부사적인 역할을 한다.**

2. que이하: nous(주어) + sommes(동사) + proches de(…로부터 가깝게) = 우리는 …로부

터 가깝게 있습니다.

3. ce moment difficile = 이 어려운 상황
4. 어려운 상황: où une action [militaire et humanitaire](주어) + doit(조동사) + être engagée(수동태 현재) = [군사적이고 인도적인] 행동이 시작 되야 하는

"우리는 지금 [군사적이고 인도적인] 행동이 시작 되야 하는 어려운 상황에(으로부터) 가깝게 있습니다"라고 강조하면서 결론을 내렸다.

De leur côté, les taliban se montrent plus fermes. L'ambassadeur des taliban au Pakistan a affirmé qu'Oussama ben Laden ne serait pas automatiquement livré à Washington même si son implication dans les attentats était prouvée, dans une déclaration publiée jeudi dans le journal émirati al-Khaleej.

- de leur côté: 그 쪽에서
- se montre + 속사: …한 태도를 보이다
- livrer: 인도하다, 넘겨주다
- implication: f. 개입
- déclaration: f. 선언

1. 기본문장 1: les taliban(주어) + se montrent(동사) + plus fermes(속사) = 탈리반들은 더 단호한 태도를 보이고 있다.
2. 기본문장 2: L'ambassadeur des taliban(주어) + a affirmé(복합과거) + que = 탈리반정권의 대사는 que이하를 단호하게 말하고 있다.
3. que이하: Oussama ben Laden(종속절 주어) + ne serait pas livré(수동태 조건법 현재) + à Washington(간.목) = 오사마 벤 라덴은 워싱턴에 넘겨주지 않을 것이다.
4. 양보절: même si(양보) + son implication(주어) + était prouvée(수동태 반과거) = 그의 개입이 증명되었더라도
5. dans une déclaration publiée jeudi = 목요일 출판된 선언문에서

- déclaration이 여성이므로 publiée에 e가 더 붙는다.

6. dans le journal émirati al-Khaleej = 에미라티 알-카래즈 신문에서

탈리반 그쪽은 더 단호한 태도를 보이고 있다. 파키스탄에 있는 탈리반 정권의 대사는 그의(오사마 벤 라덴) 개입이 증명되었더라도 오사마 벤 라덴은 자동적으로 워싱턴에 넘겨주지 않을 것이다라고 목요일 에미라티 알-카래즈 신문에 출판된 선언문에서 단호하게 말하고 있다.

Si nous recevons une telle preuve, ben Laden sera jugé conformément à la loi islamique et s'il est condamné nous examinerons les suites à donner à cette affaire", a ajouté M. Zaeef.

- recevoir: 수용하다, 인정하다
- juger: 재판하다, 심판받다
- conformément à: …에 맞추어서, …에 따라서
- suite: f. 후속, 결과
- n + à + inf. : …할 n.
  ex) maison à vendre: 팔 집

1. si절: Si nous(주어) + recevons(동사) + une telle preuve (목적어) = 우리가 이러한 증거를 인정한다면
2. 주절: ben Laden(주절) + sera jugé(전미래) = 벤 라덴은 심판받을 것이다.
- 전미래는 미래의 어떤 행위가 시작되기 전에 이미 완료되어 있을 미래의 행위를 말한다.
3. conformément à la loi islamique = 이슬람 법에 따라서
4. si절: s'il(벤 라덴) + est condamné (수동태 현재) = 그가 유죄선고를 받는다면
5. 주절: nous(탈리반) + examinerons(미래) + les suites à donner(목적) + à cette affaire(간.목) = 우리는 이 사건에 주어야 할 후속을 검토할 것이다.
6. a ajouté M. Zaeef = 자에프가 덧붙였다.

우리가 이러한 증거를 인정한다면 벤 라덴은 이슬람 법에 따라서 심판 받을 것이다. 그가 유죄선고를 받는다면 우리는 이 사건에 주어야 할 후속을(이 사건의 후속에 대한 결정을) 검토할 것이다라고 자에프가 덧붙였다.

탄 저

10월 25일자 뉴스로 이번 테러에 의한 전쟁에서 문제가 되는 탄저병에 관한 것입니다. 영국의 한 신문은 이 병원균을 3년 전에 이 테러의 주범이라고 간주되는 사람이 샀다고 주장하고 있다는 내용입니다. 전 세계를 공포로 뒤흔들고 있는 탄저병의 위협에서 우리도 안전할 수는 없을 것이란 생각이 이 기사에 의미를 더하게 하고 있습니다.

D'où proviennent les courriers contaminés au bacille de charbon ?
Pour l'heure, les autorités américaines semblent l'ignorer, bien que de très fort soupçons pèsent sur Oussama ben Laden et ses réseaux. Révélations inquiétantes. Dans son édition du jour, le quotidien britannique Mirror, qui a rencontré un des lieutenants du leader islamiste, affirme que ben Laden aurait acheté des souches de ce bacille il y au moins trois ans de cela. Le Mirror cite des propos de Ahmad Ibrahim al-Najjar, un haut responsable de l'organisation de Ben Laden, Al-Qaïda, actuellement emprisonné. Selon lui, Ben Laden a payé 2.500 livres (4.000 euros) pour se procurer la bactérie du charbon par l'intermédiaire d'un groupe islamiste indonésien. Il a également acquis pour 5.000 livres (8.000 euros) des cultures de colibacille et de salmonelle, autres agents pathogènes, affirme la même source.

Une nouvelle personne contaminée

L'anthrax a déjà fait trois victimes sur le sol américain. Le quotidien New York Post a annoncé qu'un deuxième de ses employés pourrait souffrir de la forme cutanée de la maladie du charbon. Cette femme, qui travaille au service du courrier et a donc pu être en contact avec une lettre empoisonnée, a été hospitalisée et subit une biopsie afin de déterminer si elle a été ou non contaminée. Une lettre contaminée au bacille du charbon, "virtuellement identique" à celles adressées à la chaîne de télévision américaine NBC et au sénateur dmocrate Thomas Daschle, a été envoyée au New York Post, avait rapporté dimanche ce journal. Le quotidien avait annoncé vendredi qu'une de ses employées avait contracté la forme cutanée de la maladie du charbon.

Nouvelles traces de charbon dans des locaux du Congrès

Les services sanitaires ont trouvé mercredi un cinquième site contaminé par le bacille du charbon dans l'enceinte du Capitole à Washington, dans un monte-charge, a annoncé la police. Les traces de la bactérie ont été découvertes dans l'un des deux immeubles du Sénat qui avait été fermé par précaution. Des traces du bacille ont été découvertes dans quatre autres sites du Capitole. Vingt-huit personnes étaient porteuses de la bactérie mais aucune n'a développé la maladie.

탄저에 대한 공포가 어떤지 보기로 합시다.

D'où proviennent les courriers contaminés au bacille de charbon?

- provenir de: …에서 유래하다
- courrier: m. 우편물
- bacille: m. 세균, 박테리아
- charbon: m. 석탄
- contaminer: 오염시키다, 전염시키다
- se contaminer: 오염되다, 전염병에 걸리다

1. D'où provenir는 해석하면 **어디서 오는가**?로 의문문을 만들 때 거의 자동적으로 이 형태를 취하게 된다. 따라서 이런 표현은 예외가 없으므로 암기하는 것이 좋다.
2. contaminer처럼 타동사인 경우 고거분사는 형용사의 역할을 할 수 있다. 이때 해석은 대명동사인 se contaminer를 보고 그에 따라 contaminé를 해석하면 된다.
   ◦해석은: 오염된, 감염된

탄저 박테리아에 감염된 우편물들은 어디서 오는 것일까?

Pour l'heure, les autorités américaines semblent l'ignorer, bien que de très fort soupçons pèsent sur Oussama ben Laden et ses réseaux.

- pour l'heure: 지금은, 지금으로서는
- bien que + sub.: 비록 …일지라도
- soupçon peser sur: …에게 의심이 쏠리다
- réseau: m. 조직

1. 기본문장: les autorités américaines(주어) + semblent(조동사) + l'(목적어) + ignorer (본동사) = 미국 당국은 그것을 모르는 것 같다.
2. bien que de très fort soupçons(접속사절의 주어) + pèsent sur(동사) + Oussama ben Laden et ses réseaux(목적어) = 매우 강한 의심이 오사마 벤 라덴과 그의 조직에 쏠리고 있을지라도

– de très fort soupçons: 형용사 복수 + 명사 복수의 부분관사 des는 de가 된다.
– bien que 다음에 동사는 접속법이 온다. 여기서는 peser동사가 접속법인지 구분이 안가지만 이것은 **1군동사 현재 3인칭 단수와 복수에서는 접속법 현재와 동사의 유형이 같기** 때문이다.

지금으로서는 매우 강한 의심이 오사마 벤 라덴과 그의 조직에 쏠리고 있을지라도 미국 당국은 그것을(우편물의 발신지) 모르는 것 같다

Révélations inquiétantes. Dans son édition du jour, le quotidien britannique Mirror, qui a rencontré un des lieutenants du leader islamiste, affirme que ben Laden aurait acheté des souches de ce bacille il y au moins trois ans de cela.

- Révélation: f. 폭로
- édition: f. (신문. 잡지 따위의) 판
- du jour: 당일의
- souche: f. 근원, 포자

1. Révélations inquiétantes. 이 문장은 앞에 ce sont이 생략됐다고 보면된다. 즉 Ce sont des révélations inquiétantes. = 걱정스런 폭로(이다)
2. Dans son édition du jour = 당일의 신문에서
3. 기본문장: le quotidien britannique Mirror(주어) + affirme(동사) + que이하 = 영국의 일간지 미러는 que이하를 주장하고 있다.
4. que이하: ben Laden(종속절 주어) + aurait acheté(조건법 과거) + des souches de ce bacille (목적어) = 벤 라덴은 이 균의 포자를 샀었을 것이다.
5. qui(Mirror) + a rencontré(동사) + un des lieutenants du leader islamiste(목적어) =

(미러지는) 이슬람의 지도자의 보좌관 중 한 명을 만났었다.
6. il y au moins trois ans de cela = 이것으로부터 적어도 3년 전에

걱정스런 폭로. 당일의 신문에서 이슬람의 지도자의 보좌관 중 한 명을 만났었다는 영국의 일간지 미러는 이것(사건)으로부터 적어도 3년 전에 벤 라덴은 이 균의 포자를 샀었을 것이다라고 주장하고 잇다.

Le Mirror cite des propos de Ahmad Ibrahim al-Najjar, un haut responsable de l'organisation de Ben Laden, Al-Qaïda, actuellement emprisonné.

- propos: m. 이야기, 화제
- emprisonné: 수감된

1. 기본문장: Le Mirror(주어) + cite(동사) + des propos de Ahmad Ibrahim al-Najjar(목적어) = 미러지는 아하마드 이브라임 알-나자르의 이야기를 인용하고 있다.
2. 아하마드 이브라임 알-나자르는: un haut responsable de l'organisation de Ben Laden = 벤 라덴의 기구의 고위 책임자인
3. 어디서: Al-Qaïda = 알 카이다
4. actuellement emprisonné = 현재 수감된

미러지는 알 카이다(의) 벤 라덴의 조직의 고위 책임자인, 현재 수감된, 아하마드 이브라임 알-나자르의 이야기를 인용하고 있다

Selon lui, Ben Laden a payé 2.500 livres (4.000 euros) pour se procurer la bactérie du charbon par l'intermédiaire d'un groupe islamiste indonésien.

- se procurer: 얻다, 마련하다
- par l'intermédiaire de: …의 중개로[알선으로]

1. 기본문장: Ben Laden(주어) + a payé(복합과거) + 2.500 livres (4.000 euros)(목적어) = 벤 라덴은 2천 5백 파운드를 지불했다.
2. 왜: pour se procurer la bactérie du charbon = 탄저 균을 얻기 위하여

3. 어떻게: par l'intermédiaire d'un groupe islamiste indonésien = 인도네시아 회교주의 집단을 통하여

그에 의하면 벤 라덴은 인도네시아 회교주의 집단을 통하여 탄저 균을 얻기 위하여 2천 5백 파운드를 지불했다

Il a également acquis pour 5.000 livres (8.000 euros) des cultures de colibacille et de salmonelle, autres agents pathogènes, affirme la même source.

- acquérir: 사들이다, 획득하다
- culture: f. 배양, 균
- colibacille: m. 대장균
- salmonelle: m. 살모넬라
- agent : m. 병균
- pathogène: 병원성의, 병을 일으키는
- source: f. 출처, 근거

1. 기본문장: Il(벤 라덴) + a acquis(복합과거) + des cultures de colibacille et de salmonelle, autres agents pathogènes = 그는 대장균, 살모넬라균과 (또)다른 병원균을 사들였다.
2. 얼마에: pour 5.000 livres (8.000 euros) = 5000파운드(8000유로)에
3. affirme(동사) + la même source(주어) = 같은 출처가 주장하고 있다.

그는 5000파운드(8000유로)에 대장균, 살모넬라균과 (또)다른 병원균을 사들였다고 같은 출처가 주장하고 있다

Une nouvelle personne contaminée
전염된 새 환자

L'anthrax a déjà fait trois victimes sur le sol américain.

- antharax: m. 탄저
- victime: m. 희생자
- sol: m. 땅

1. 기본문장: L'anthrax(주어) + a fait(복합과거) + trois victimes(목적어) + sur le sol américain(상황보어) = 탄저는 3명의 희생자를 만들었다.
2. 어디에: sur le sol américain(상황보어) = 미국 땅에

- **sur**는 공간적인 것을 말할 때 주로 **…위에**로 해석을 하나 **…에**로 해석하는 경우도 많다. ex. **sur la route: 길에**

탄저는 벌써 미국 땅에 3명의 희생자를 만들었다(냈다)

Le quotidien New York Post a annoncé qu'un deuxième de ses employés pourrait souffrir de la forme cutanée de la maladie du charbon.

- souffrir de: …으로 고통받다
- la forme cutanée: f. 피부병 형태
- la maladie du charbon: 탄저병

1. 기본문장: Le quotidien New York Post(주어) + a annoncé(복합과거) + que = 일간지 뉴욕 포스트는 que이하를 알려왔다(보고하고 있다)
2. que이하: un deuxième de ses employés(종속절의 주어) + pourrait(조건법 현재) + souffrir(본동사) = 근무자 중 2번 째(근무자)가 고통받을 수 있을 것이다.

- 여기서 **조건법 현재는 과거에 있어서의 미래**를 말하고 있다.

3. 무엇으로: de la forme cutanée de la maladie du charbon = 탄저병의 피부병 형태로

일간지 뉴욕 포스트는 근무자 중 2번 째(근무자)가 탄저병으로 인한 피부병의 형태로 고통받을 수 있을 것이라고 알려왔다

Cette femme, qui travaille au service du courrier et a donc pu être en contact avec une lettre empoisonnée, a été hospitalisée et subit une biopsie afin de déterminer si elle a été ou non contaminée.

- service du courrie: m. 우편물 취급 업무
- être en contact avec: …와 접촉하다
- empoisonné: 독이 든
- hospitaliser: 병원에 입원하다
- subir: 받고있다
- biopsie : f. 생체조직 검사
- déterminer: 명확하게 하다, 밝히다

1. 기본문장: Cette femme(주어. 직원) + a été hospitalisée(수동태 과거) + et + subit(현재) + une biopsie (목적어) = 이 여자는 병원에 입원되어졌고 생체조직 검사를 받고 있다.
2. 무엇을 위하여: afin de déterminer si(…인지 아니지) + elle(주어) + a été ou non contaminée(수동태 과거) = 그녀가 병에 감염이 되었는지 안 되었는지 밝히기 위하여
3. qui(cette femme와 동격) + travaille(동사) + au service du courrier(장소) + et + a pu(복합과거) + être en contact avec(숙어) + une lettre empoisonnée(목적어) = 우편물 업무에 종사하고 독이 든 편지와 접촉할 수 있었던 (여자)

우편물 업무에 종사하고 독이 든 편지와 접촉할 수 있었던 이 여자는 그녀가 병에 감염이 되었는지 안 되었는지 밝히기 위하여 병원에 입원되어졌고 생체조직 검사를 받고 있다.

Une lettre contaminée au bacille du charbon, "virtuellement identique" à celles adressées à la chaîne de télévision américaine NBC et au sénateur dmocrate Thomas Daschle, a été envoyée au New York Post, avait rapporté dimanche ce journal.

- virtuellement: 사실상, 거의
- identique à: …와 동일한
- adresser à: …에게 보내다
- sénateur: m. 상원의원
- rapporter: 이야기하다, 알리다, 보고하다

1. 기본문장: Une lettre(주어) + a été envoyée(수동태 과거) + au New York Post(간.목) = 편지 한 장이 뉴욕 포스트로 보내졌다.
2. 이 편지는: contaminée au bacille du charbon = 탄저 균에 오염된
- 형용사 contaminée는 lettre가 여성이므로 e가 하나 더 붙었다.
3. 이 편지는 또한: "virtuellement identique" à celles adressées à la chaîne de télévision

américaine NBC et au sénateur dmocrate Thomas Daschle = NBC미국 텔레비젼 채널과 토마스 다츌러 공화당 상원의원에게 보내진 편지와 사실상 동일한

- 이 문장에서 **identique à celles**은 **identique aux lettres**와 같은 내용이다.
- **au sénateur dmocrate**에서 **au**는 앞에 **adresser 동사가 생략이 된 문장**이다. 따라서 문장을 정리하면 **identique aux lettres adressées à la chaîne…et identique aux lettres adressées au sénateur dmocrate…**가 된다.

4. avait rapporté(대과거) + dimanche(시간을 나타내는 상황보어) + ce journal(주어) = 일요일 이 신문이 이야기하고 있었다.

NBC미국 텔레비젼 채널과 토마스 다츌러 공화당 상원의원에게 보내진 편지와 사실상 동일한 탄저 균에 오염된 편지 한 장이 뉴욕 포스트로 보내졌다

Le quotidien avait annoncé vendredi qu'une de ses employées avait contracté la forme cutanée de la maladie du charbon.

■ contracter: (병에) 걸리다

1. 기본문장: Le quotidien(주어) + avait annoncé(대과거) + que = 일간지는 que이하를 보고했었다.
2. que이하: une de ses employées(종속절 주어) + avait contracté(대과거) + la forme cutanée de la maladie du charbon(목적어) = 고용인 중 하나가 탄저병의 피부병 형태에 걸렸었다.

일간지는 금요일 고용인 중 하나가 탄저병의 피부병 형태에 걸렸었다고 보고했었다.

Nouvelles traces de charbon dans des locaux du Congrès
의사당 일부 지역내의 탄저의 새로운 흔적

Les services sanitaires ont trouvé mercredi un cinquième site contaminé par le bacille du charbon dans l'enceinte du Capitole à Washington, dans un monte-charge, a annoncé la police.

- les services sanitaires: 보건국
- site: m. 지역
- enceinte: f. 근방, 부근
- Capitole: m. 국회의사당
- monte-charge: m. 화물 승강기

1. 기본문장: Les services sanitaires(주어) + ont trouvé(복합과거) + un cinquième site (목적어) = 보건국은 5번 째 지역을 발견했다.
2. 5번 째 지역은: contaminé par le bacille du charbon = 탄저균에 의해 오염된
- contaminé는 형용사처럼 쓰였으나 뒤따라온 par에 의해 성격이 과거분사로 밝혀지고 있다. **타동사는 과거분사를 형용사처럼 사용할 수 있으며 뒤에 전치사 par가 올 경우에는 수동태적인 성격을 가진다.**
3. 어디: dans l'enceinte du Capitole à Washington = 워싱턴에 있는 국회의사당의 인근에
4. 더 자세히는: dans un monte-charge = 화물 승강기(내에)에서
5. a annoncé(복합과거) + la police(주어) = 경찰이 알렸다.

보건국은 워싱턴에 있는 국회의사당의 인근, 화물 승강기 내에서 탄저균에 의해 오염된 5번째 지역을 발견했다고 경찰이 알렸다.

Les traces de la bactérie ont été découvertes dans l'un des deux immeubles du Sénat qui avait été fermé par précaution.

- immeuble: m. 건물
- Sénat: m. 상원 의사당
- par précaution: 예방, 경계, 대비

1. 기본문장: Les traces de la bactérie(주어) + ont été découvertes(수동태 과거) = 세균의 흔적이 발견되었다.
- **être를 조동사로 사용하는 문장에서 과거분사는 항상 주어의 성과 수에 일치시킨다.** les traces가 여성 명사 복수이므로 découvertes에 es가 붙었다.
2. 어디서: dans l'un des deux immeubles du Sénat = 상원의원의 건물 중 하나에서
3. 그 건물은: qui(l'un des deux immeubles du Sénat) + avait été fermé(수동태 대과거) + par précaution(동작주) = 예방으로 폐쇄되었던

예방으로 폐쇄되었던 상원의원의 건물 중 하나에서 세균의 흔적이 발견되었다.

Des traces du bacille ont été découvertes dans quatre autres sites du Capitole.

1. 기본문장: Des traces du bacille(주어) + ont été découvertes(수동태 과거) + dans quatre autres sites du Capitole(상황보어) = (탄저)박테리아의 흔적이 국회의사당의 다른 지역에서 발견되었다.

탄저균의 흔적이 국회의사당의 다른 지역에서 발견되었다.

Vingt-huit personnes étaient porteuses de la bactérie mais aucune n'a développé la maladie.

■ porteur(se): 감염자

1. 기본문장: Vingt-huit personnes(주어) + étaient(반과거) + porteuses de la bactérie(속사) = 28명이 박테리아의 감염자였다.
2. mais aucune(주어) + n'a développé(부정의 복합과거) + la maladie(목적어) = 그러나 누구도 병을 발전시키지 않았다.

- aucune이 주어로 사용이 되어 이미 부정의 뜻을 내포하고 있으므로 pas가 생략되었다.

28명이 박테리아의 감염자였지만 아무도 병을 발전시키지 않았다(병이 악화되지 않았다).

파리마치 기자

2001년 10월 11일자 뉴스입니다. 아프가니스탄에 취재 차 들어간 파리마치의 기자가 스파이로 간주되어 사형의 위험에 처했다는 내용의 기사입니다. 파리마치의 편집장은 여러 경로를 통해 이 기자를 구출하려하고 있으나 사태는 매우 심각해 보입니다.

Pour les taliban, Michel Peyrard n'est pas un journaliste. Le régime au pouvoir vient de l'inculper, lui et ses deux compagnons pakistanais, pour espionnage, indique l'AIP, agence de presse proche des taliban. Une nouvelle des plus inquiétantes, car à ce titre, dans ce pays, cela signifie qu'ils encourent tous trois la peine de mort. De source taleb, ils auraient été exhibés puis soumis à des jets de pierre, ce matin, dans les rues de Jalalabad.
Alain Genestar, directeur de la rédaction de Paris Match, a enregistré un appel radio aux taliban pour réaffirmer la qualité de journaliste de Michel Peyrard et demander sa libération. Cette action est menée à l'initiative de Reporters sans frontières et l'enregistrement a eu lieu à 16h30 dans les studios de RFI, en présence de nombreux journalistes. Ce message a été traduit et enregistré en arabe et anglais, et dans différentes langues parlées en Afghanistan, notamment en pachtou et en persan. Outre RFI, le message sera également diffusé sur tf1.fr, Radio free Europe, Voice of America, la Deutsche Welle. RSF attend la réponse de la BBC et de RMC Moyen-Orient. RSF a également contacté la chaîne de télévision qatariote al-Jazira pour une éventuelle diffusion, présente lors de l'enregistrement, on ignorait encore si la seule chaîne diffusant encore en Afghanistan allait diffuser l'appel.

Accusé d'espionnage

Michel Peyrard, l'envoyé spécial de Paris Match, avait été arrêté mardi par les taliban, à 35 kilomètres à l'est de la grande ville de Jalalabad, qui fut l'un des fiefs d'Oussama ben Laden en Afghanistan. Ce serait dans le village de Ghorta,

non loin de la passe de Khyber, point de passage entre le Pakistan et la province afghane de Nangarhar, que Michel Peyrard aurait été interpellé. Le reporter de l'hebdomadaire français, vêtu de la burqah traditionelle portée de force par les femmes, aurait été arrêté en compagnie de deux hommes que l'agence pro-taliban AIP a identifié comme étant "deux guides pakistanais répondant au nom de Irfan et Mukarram". Les trois hommes avaient été transférés à Jalalabad, un jour seulement après que la journaliste britannique Yvonne Ridley, arrêtée il y a une dizaine de jours dans des conditions similaires, eut été libérée. Grand reporter et baroudeur de Paris-Match, Michel Peyrard avait déjà pénétré la région clandestinement il y a quelques semaines. Il avait rapporté un reportage angoissant et détaillé sur le climat martial et pesant qui régnait dans ce fief pachtoune de l'est de l'Afghanistan.
Selon un porte-parole des taliban, dont les propos ont été rapportés par AIP, Michel Peyrard "était en mission d'espionnage" et ne pourra "bénéficier d'aucune clémence. Il transportait un téléphone satellitaire, un magnétophone et d'autres équipements utilisés pour l'espionnage". Les taliban ont "confisqué tout son matériel" a ajouté l'AIP. Concernant les deux guides qui accompagnaient le journaliste, "ils ont été avertis qu'ils ne devaient pas se livrer à de telles activités". "Il y aura une enquête et leur cas sera transmis à un tribunal spécial", a ajouté le porte-parole.

사선을 넘나든 기자의 이야기를 보기로 합시다.

Pour les taliban, Michel Peyrard n'est pas un journaliste

탈리반들에게(있어) 미셸 페라르는 기자가 아니다.

Le régime au pouvoir vient de l'inculper, lui et ses deux compagnons pakistanais, pour espionnage, indique l'AIP, agence de presse proche des taliban.

- régime: m. 제도, 규정, 법규
- inculper: 혐의로 고발하다, 혐의를 두다

■ espionnage: m. 스파이 행위, 정보[첩보] 활동
■ agence de presse: f. 통신사

1. 기본문장: Le régime au pouvoir(주어) + vient de l'inculper = 지배하의 제도는 그를 혐의로 막 고발했다.
- l'inculper의 **l'는 이 문장의 목적어**이다. 그러나 다음에 오는 동격의 문장에서 l'**가 그와 그의 동료를** 가르키고 있어 혼란스러운데, lui et ses compagnons은 강조의 의미로 보면 될 것이다.
- venir de는 **근접 과거로 막 …했다**가 된다.
2. lui et ses deux compagnons pakistanais = 그와 그의 두 파키스탄 동료를
3. 무슨 이유로: pour espionnage = 스파이 행위로
4. indique l'AIP, agence de presse proche des taliban = 탈리반과 가까운 통신사인 AIP가 알려오고 있다.

(정권을 잡고 있는) 당국의 법규는 그와 그의 두 파키스탄 동료를 간첩행위로 막 고소했다고 탈리반과 가까운 통신사인 AIP가 알려 오고 있다.

Une nouvelle des plus inquiétantes, car à ce titre, dans ce pays, cela signifie qu'ils encourent tous trois la peine de mort.

■ titre: m. 지위, 자격,
■ encourir: [벌금을] 물게 되다, [비난, 벌 따위를] 받다, 초래하다
■ la peine de mort: 사형
■ tous: a. 모두, 모든

1. Une nouvelle des plus inquiétantes = 가장 걱정스러운 소식 중 하나
- 문장 앞에 c'est가 생략됐다고 보면 문장 해석이 쉬워진다.
- une des(de+les) inquiétantes이므로 **…중 하나**로 해석이 된다.
2. 기본문장: cela(간첩혐의) + signifie(동사) + que이하 = 이것은 que이하를 의미한다.
3. que이하: ils(기자. 동반자) + encourent(동사) + tous trois(속사) + la peine de mort(목적어) = 그들은 셋 모두 사형을 받는다.

(이것은) 가장 걱정스러운 소식 중 하나로, 이 나라에서 이 죄목은 셋 모두 사형을 받는다는 것을 의미하기 때문이다(의미하고 있다).

De source taleb, ils auraient été exhibés puis soumis à des jets de pierre, ce matin, dans les rues de Jalalabad.

- source: f. 출처, 근거
- de source taleb: 탈레브로부터의 정보에 의하면
- exhiber: 보여주다, 전시하다
- soumettre à: (시련 따위를) 받게 하다
- jet de pierre: m. 돌 투석

1. 기본문장: ils(기자와 동반자) + auraient été exhibés(수동태 조건법 과거) + puis + (auraient été)soumis + à des jets de pierre = 그들은 전시되어졌을 것이고 투석을 당했었을 것이다.
2. 언제, 어디서: ce matin, dans les rues de Jalalabad = 오늘 아침 잘라라바드거리에서

탈레브로부터의 정보에 의하면, 오늘 아침 잘라라바드 거리에서 그들은 전시되어졌을 것이고 돌 세례를 받게되었었을 것이다.

Alain Genestar, directeur de la rédaction de Paris Match, a enregistré un appel radio aux taliban pour réaffirmer la qualité de journaliste de Michel Peyrard et demander sa libération.

- directeur de la rédaction : m. 편집국장
- enregistrer: 녹음하다
- appel radio: m. 무선 호출
- réaffirmer: 다시 확언[단언, 주장]하다
- qualité: f. (사회적) 신분, 자격, 직위

1. 기본문장: Alain Genestar(주어) + a enregistré(동사) + un appel radio(목적어) + aux taliban (간접목적어) = 알렝 젠느스타는 탈리반에게 무선 호출을 녹음했다.
2. 목적절: pour réaffirmer la qualité de journaliste de Michel Peyrard et demander sa libération = 미셸 페라르의 기자로서의 신분을 다시 주장하고 그의 석방을 요청하기 위하여.

- pour + inf. …하기 위하여
- demander앞에도 pour가 있다고 보고 해석하면 된다. 프랑스어에서는 문장의 형식이 같을 때 **à, de, en** 이외에 반복되는 몇 개의 전치사와 동사는 생략할 수 있다. 그러나 글 쓰는 사람에 따라 이 규칙이 꼭 지켜지는 것은 아니다.

파리마치의 편집국장인 알렝 젠느스타는 미쎌 페라르의 기자로서의 신분을 재차 확인해주고 그의 해방을 요구하기 위하여 탈리반에게(보내는) 무선 호출을 녹음했다.

Cette action est menée à l'initiative de Reporters sans frontières et l'enregistrement a eu lieu à 16h30 dans les studios de RFI, en présence de nombreux journalistes.

- action: f. 행동, 작전, 투쟁
- mener: 주도하다, 추진하다
- à l'initiative de qn: …의 제안에 따라
- avoir lieu: 일어나다, 거행되다
- en présence de: …의 앞[면전]에서

1. 기본문장: Cette action(주어) + est menée(수동태 현재) = 이 투쟁은 추진되고 있다.
2. à l'initiative de Reporters sans frontières = 국경 없는 기자들의 제안에 따라
3. l'enregistrement a eu lieu à 16h 30 = 녹음은 16시 30분에 거행됐다.
4. 어디서: dans les studios de RFI = RFI 스튜디오에서
5. 누구와: en présence de nombreux journalistes = 수 많은 신문기자들의 앞에서

이 투쟁은 국경 없는 기자들의 제안에 따라 추진되고 있으며 녹음은 수많은 기자들이 참석한 앞에서 16시 30분 RFI(radio France international) 스튜디오에서 이루어졌다.

Ce message a été traduit et enregistré en arabe et anglais, et dans différentes langues parlées en Afghanistan, notamment en pachtou et en persan.

- traduire en: …으로 번역되다
- en pachtou: 파슈투어(아프가니스탄의 바탄족 언어)
- notamment: 특히

1. 기본문장: Ce message(주어) + a été traduit(수동태 과거) + et + (a été) enregistré + en arabe et anglais = 이 메시지는 아랍어와 영어로 번역되어졌고 녹음되어졌다.
2. et dans différentes langues parlées en Afghanistan = 그리고 아프가니스탄에서 말하

는 여러 언어로

- langues parlées는 원래 구어라고 번역이 되나 단어를 그대로 해석하면 parlé가 과거분사로 형용사적인 성격이므로 말하는 이 된다. langues가 여성이며 복수라 parlé를 성.수에 일치시키면 es가 더 붙어 parlées가 된다.
- en Afghanistan의 **en은 여성으로 분류되는 국가 앞**에 붙는 전치사다.

3. notamment en pachtou et en persan = 특히 파슈투어와 페르시아어로

- **en은 방법이나 수단**을 나타내고 있다.

이 내용은 아랍어 영어, 그리고 아프가니스탄에서 사용되는 다양한 언어에서 특히 파슈투어와 페르시아어로 번역이 되어졌고 녹음되어 졌다.

Outre RFI, le message sera également diffusé sur tf1.fr, Radio free Europe, Voice of America, la Deutsche Welle. RSF attend la réponse de la BBC et de RMC Moyen-Orient.

- outre: …이외에
- diffuser: 방송을 내보내다, 전파하다
- RSF(Reporters sans frontières): 국경 없는 기자회

1. 기본문장: le message(주어) + sera diffusé(전미래) = 이 메시지는 전파될 것이다.
2. sur tf1.fr, Radio free Europe, Voice of America, la Deutsche Welle = tf1, 라디오 자유 유럽, 미국의소리, 독일 벨레에 의하여

- sur는 …에 의하여 의 뜻

3. RSF attend la réponse de la BBC et de RMC Moyen-Orient = RSF는 BBC RMC Moyen-Orientdml 의 대답을 기다리고 있다.

국제 라디오 프랑스 이외에 이 메시지는 tf1, 라디오 자유 유럽, 미국의 소리, 독일 벨레에 의하여 방송될 것이다. RSF는 BBC RMC Moyen-Orientdml 의 대답을 기다리고 있다.

RSF a également contacté la chaîne de télévision qatariote al-Jazira pour une éventuelle diffusion, présente lors de l'enregistrement, on ignorait encore si la seule chaîne diffusant encore en Afghanistan allait diffuser l'appel.

- qatariote: 카타르의(카타르 지방)
- ignorer: (사실 따위를) 모르다
- éventuel(le): 가능성 있는

1. 기본문장: RSF(주어) + a contacté(동사) + la chaîne de télévision qatariote(목적어) = 국경 없는 기자회는 카타르의 텔레비젼의 채널을 접촉했다.
2. pour une éventuelle diffusion = 가능성 있는 방송을 위해
3. présente lors de l'enregistrement = 녹음 때 참석한
3. on ignorait encore = 여전히 모를 것이다
4. si(…인지 아닌지) + la seule chaîne(주어) + diffusant(현재분사)+ en Afghanistan(부사) + allait diffuser(과거에서의 근접미래) + l'appel(목적어) = 아프가니스탄에서 방송을 하는 유일한 방송이 호소를 방영할지는

- la seule chaîne diffusant는 문장을 바꾸면 la seule chaîne qui diffuse가 된다. 해석하면 방송을 하는 유일한 채널
- 반과거는 과거의 일이 반복이 되거나 진행되던 것으로 아직 완료가 안된 상태를 나타낸다.
- aller + inf. = 근접미래로 aller동사의 반과거, 즉 allait + inf.는 과거에 있었던 근접미래를 말한다.

국경 없는 기자회는 동시에 가능성 있는 방송을 위해 녹음 당시 참석한 알자지라 카타르의 텔레비젼 채널을(과) 접촉했다. 아프가니스탄에서 방송을 하는 유일한 방송이 호소를 방영할지는 여전히 모르고 있는 중이다.

Accusé d'espionnage
간첩행위로 고발된

Michel Peyrard, l'envoyé spécial de Paris Match, avait été arrêté mardi par les taliban, à 35 kilomètres à l'est de la grande ville de Jalalabad, qui fut l'un des fiefs d'Oussama ben Laden en Afghanistan.

- l'envoyé spécial: m. 특파원
- arrêter: 체포하다
- fief: m. 영지, (비유)세력 범위

1. Michel Peyrard(주어) + avait été arrêté(수동태 대과거) + par les taliban(동작주) = 미셸 페라르는 탈리반에 의해 체포되었었다.
2. l'envoyé spécial de Paris Match = (미셸 페라르는) 파리 마치의 특파원인
3. 언제, 어디서: mardi à 35 kilomètres à l'est de la grande ville de Jalalabad = 화요일, 대도시(인) 잘라라바드 의 동쪽에서 35킬로미터 떨어진 곳에서

– **à는 시간이나 장소**를 말할 때 사용하는 전치사다

4. qui(종속절 주어로 도시) + fut(단순과거) + l'un des fiefs(주어 속사) d'Oussama ben Laden en Afghanistan = 이것은 아프가니스탄에서 우사마 벤 라덴의 영지 중 하나였다.

– 단순과거는 과거의 일로 현재와는 상관이 없다.

파리 마치의 특파원인 미셸 페라르는 화요일 아프가니스탄에서 우사마 벤 라덴의 영지 중 하나였던 대도시 잘라라바드의 동쪽에서 35킬로미터 떨어진 곳에서 탈리반에 의해 체포되었었다

Ce serait dans le village de Ghorta, non loin de la passe de Khyber, point de passage entre le Pakistan et la province afghane de Nangarhar, que Michel Peyrard aurait été interpellé.

- passe: f. 길목
- point : m. 지점
- interpeller: 검문하다, 심문하다

1. 기본문장: Ce(주어) + serait(조건법 현재) + point de passage(속사) + que = que이하는 길목 지점 일 것이다.

– c'est~que의 문장이다

– 여기서 조건법 현재는 추측을 나타내고 있다.

2. que이하: Michel Peyrard(주어) + aurait été interpellé(수동태 조건법 과거) = 미셸 페라르가 검문을 받았을 것은

– 조건법 과거로 역시 추측을 나타내고 있다.

3. 어디: dans le village de Ghorta, non loin de la passe de Khyber = 키베의 길목으로부터 멀지 않은 고르타 마을에서

미셸 페라르가 검문을 받았을 곳은 파키스탄과 낭가르하의 아프간 지방사이의 길목 지점인 키베르의 길목으로부터 멀지 않은 고르타 마을에서 일 것이다.

Le reporter de l'hebdomadaire français, vêtu de la burqah traditionelle portée de force par les femmes, aurait été arrêté en compagnie de deux hommes que l'agence pro-taliban AIP a identifié comme étant "deux guides pakistanais répondant au nom de Irfan et Mukarram".

- hebdomadaire: 주간지
- vêtir: 옷을 입히다, (옷을)입다, 걸치다
- traditionelle portée: f. 전통 복장
- de force: 힘으로, 억지로, 강제로
- en compagnie de: …와 함께(avec)
- pro-taliban: 탈리반을 지지하는, 탈리반을 대리하는
- identifier: 신원을 확인하다
- au nom de: …의 이름으로

1. 기본문장: Le reporter (주어) + aurait été arrêté (수동태 조건법 과거) = 기자는 체포되었었을 것이다.
2. 삽입절로 기자를 수식: vêtu de force par les femmes = 여자들에 의해 강제로 입은
3. en compagnie de deux hommes = 두 남자와 함께
4. que이하는 두 남자를 설명: que l'agence pro-taliban AIP(종속절 주어) + a identifié (동사) + comme(자격) + étant(현재분사로 상태) + "deux guides pakistanais(목적어) + répondant(현재분사) +au nom de Irfan et Mukarram"(목적어 속사) = 탈리반을 대리하는 AIP통신사는 "이르판과 묵카람의 이름으로 대답하고 있는 두 명의 파키스탄 안내원"으로 신원을 확인했다.

- étant "deux guides pakistanais répondant의 문장에 나타나고 있는 현재분사는 성격이 다르다. **앞의 분사 étant은 상태**를 의미하고 있어 **…으로**로 해석하면 두 명의 파키스탄 안내원으로가 된다. **뒤의 분사 répondant**은 **동사적인 성격**을 가지고 있으므로 문장을 풀어보면 deux guides pakistanais qui répondent가 되는 문장이다. 해석하면 대답하고 있는 두명의 파키스탄 안내원들이 된다.

여자들에 의해 전통복장인 뷔르카를 강제로 입은 프랑스 주간지의 기자는 탈리반을 대리하는 AIP통신사가 "이르판과 묵카람의 이름으로 대답하고 있는 두 명의 파키스탄 안내원"으로 신원을 확인한 두 남자와 함께 체포되었었을 것이다.

Les trois hommes avaient été transférés à Jalalabad, un jour seulement après que la journaliste britannique Yvonne Ridley, arrêtée il y a une dizaine de jours dans des conditions similaires, eut été libérée.

- transférer: 옮기다, 전근시키다, 이송하다
- après que + sub.: …한 후에
- similaire: 유사한, 비슷한

1. 기본문장: Les trois hommes(주어) + avaient été transférés(수동태 대과거) = 이 세 남자는 이송되어졌다.
2. 어디로: à Jalalabad = 잘라라바드로
3. un jour seulement = 단지 하루
4. après que la journaliste britannique(주어) + eut été libérée(접속법 중복합 대과거) = 영국 여기자가 석방되어진 후
- Yvonne Ridley 는 영국기자의 이름으로 영국기자와 동격
- 접속법 대과거는 주절보다 과거의 사실을 말할 때 쓰이는데, **주절의 시제가 과거에 있으므로 종속절의 시제는 접속법 대과거가 됐다**
5. arrêtée il y a une dizaine de jours dans des conditions similaires = 비슷한 조건에서 약 12일 전에 체포된

비슷한 조건에서 약 12일 전에 체포된 이본느 리들리라는 영국 여기자가 석방되어진 후 단 하루, 이 세 남자는 잘라라바드로 이송되어졌다

Grand reporter et baroudeur de Paris-Match, Michel Peyrard avait déjà pénétré la région clandestinement il y a quelques semaines.

- baroudeur: n. (구어) 특파원 (=grand reporter)
- clandestinement: 몰래, 은밀히, 불법적인

1. Grand reporter et baroudeur de Paris-Match = 파리-마치의 위대한 기자이자 특파원인
- 미셸 페라르와 동격을 이루고 있다.
2. 기본문장: Michel Peyrard(주어) + avait déjà pénétré(대과거) + la région(목적어) = 미셸 페라르는 이미 이 지역(에)을 침투하였다.
3. il y a quelques semaines = 몇 주 전에

파리-마치의 위대한 기자이자 특파원인 미셸 페라르는 몇 주전에 이미 이 지역에 몰래 침투하였다

Il avait rapporté un reportage angoissant et détaillé sur le climat martial et pesant qui régnait dans ce fief pachtoune de l'est de l'Afghanistan.

- rapporter: 덧붙이다, 보충하다, 알리다, 보고하다
- angoissant: 몹시 걱정스러운, 매우 불안한
- détailler: 상세하게 관찰[설명]하다
- climat: m. 분위기, 환경
- martial: 전쟁의, 전시 상태의
- pachtoune: 파슈툰의

1. 기본문장: Il(주어) + avait rapporté(대과거) + un reportage(목적어) = 그는(기자는) 기사를 알리고 있었다.
2. sur le climat martial et pesant = 전시 상태와 무거운 분위기에 대해
3. qui(le climat) + régnait(반과거) = 지배하고 있다.
4. 어디: dans ce fief pachtoune de l'est de l'Afghanistan = 아프가니스탄 동쪽 이 파슈툰느 영지내에

그는 아프가니스탄 동쪽 이 파슈툰느 영지를 지배하고 있는 전시 상태와 무거운 분위기에 대해 몹시 걱정스럽고 자세한 기사를 알리고 있었다.

Selon un porte-parole des taliban, dont les propos ont été rapportés par AIP, Michel Peyrard "était en mission d'espionnage" et ne pourra "bénéficier d'aucune clémence.

- propos: m. 화제, 이야기, 발언
- rapporter: 이야기하다, 보고하다, 인용하다
- mission: f. 임무, 사명
- bénéficier: 혜택을 입다, …을 받다
- clémence: f. 관용, 너그러움

1. Selon un porte-parole des taliban = 탈리반의 대변인에 의하면
2. dont = 소속, 소유를 나타내고 있다. 따라서 이것은 les propos des taliban으로 이해하면 된다.
3. les propos(주어) + ont été rapportés(수동태 복합과거) + par AIP (동작주) = AIP에 의해 인용이 되어진 발언
4. 기본문장: Michel Peyrard(주어) + "était(반과거) + en mission d'espionnage"(상황보어)

+ et +ne pourra(조동사로 미래) + "bénéficier(본동사) + d'aucune(부정) + clémenc(목적어) = 미셀 페라르는 간첩의 임무 중 이었고 따라서 어떤 관용의 혜택을 받을 수 없을 것이다.

탈리반의 대변인에 의하면, AIP에 의해 인용이 되어진 탈리반의 발언인, 미셀 페라르는 "간첩의 임무 중" 이었고 따라서 어떤 관용의 혜택을 받을 수 없을 것이다.

Il transportait un téléphone satellitaire, un magnétophone et d'autres équipements utilisés pour l'espionnage". Les taliban ont "confisqué tout son matériel" a ajouté l'AIP.

- transporter: 운반하다
- téléphone satellitaire: m. 위성전화
- magnétophone: m. 녹음기
- équipement: m. 장비
- confisquer: 압수하다, 빼았다

1. 기본문장: Il(기자) + transportait(반과거) + un téléphone satellitaire, un magnétophone et d'autres équipements utilisés(목적어) = 그는 위성전화, 녹음기와 사용한 다른 장비를 운송하고 있었다.
2. 이유: pour l'espionnage = 간첩 활동을 위하여
3. 기본문장: Les taliban(주어) + ont "confisqué(복합과거) + tout son matériel(목적어) = 탈리반은 그의 모든 장비를 빼았았다.
4. a ajouté l'AIP = AIP가 덧붙였다.

그는 간첩 활동을 의해 위성전화, 녹음기와 사용한 다른 장비를 운송하고 있었다. 탈리반은 그의 모든 장비를 빼았았다라고 AIP가 덧붙였다

Concernant les deux guides qui accompagnaient le journaliste, "ils ont été avertis qu'ils ne devaient pas se livrer à de telles activités".

- concernant: …에 관한, …에 대하여
- avertir: 알리다, 경고하다, 주의를 주다

- se livrer à qc: (…에) 종사하다

1. Concernant les deux guides qui(관계대명사) + accompagnaient(반과거) + le journaliste(목적어) = 기자를 동반했던 두 안내자에 대하여
2. 기본문장: ils(주어) + ont été avertis(수동태 복합과거) + que = 그들은 que이하를 경고 받았다.
3. que이하: ils(주어) + ne devaient pas(반과거. 부정) + se livrer(본동사) + à de telles activités(목적어) = 그들은 이와 같은 활동에 종사하여서는 안 된다.

– de telles activités에서 부분관사 de는 **형용사 복수 + 명사 복수 앞**에서 des가 de로 **변한다.**

기자를 동반했던 두 안내자에 대하여, "그들은 이와 같은 활동에 종사하여서는 안 된다고 경고 받았다".

"Il y aura une enquête et leur cas sera transmis à un tribunal spécial", a ajouté le porte-parole.

- transmettre: 전하다, 전달하다
- un tribunal spécial: 군사재판

1. 기본문장: Il y aura(미래) + une enquête (목적어) = 조사가 있을 것이다.
2. leur cas(주어) + sera transmis(전미래) + à un tribunal spécial(간.목) = 그들의 경우는 군사재판에 전달될 것이다.
3. a ajouté le porte-parole = 대변인이 덧붙였다.

"조사가 있을 것이고 그들의 경우는 군사재판에 회부될 것이다"라고 대변인이 덧붙였다

기자는 다행스럽게도 석방이 되어 프랑스로 무사히 돌아왔다고 합니다.

영국 왕자

유럽에서 항상 관심의 대상인 영국 왕실의 미혼 왕자인 윌리암에 대한 기사입니다. 기사에서 화제가 되고 있는 윌리암 왕자에 대한 기사가 선정적이거나 사생활을 깊게 파고들어 파헤친다거나 하는 것보다 약간의 호기심을 유발시킬 수 있지만 애정 어린 시선으로 왕자의 데이트 장면을 보여주는 기사 내용입니다. 한번 소리내어 읽어볼까요?

Du nouveau à Buckingham. Le prince Williams semble passer du bon temps aux côtés d'une belle inconnue. La presse britannique est ravie.

Après ses différents périples autour du monde, le prince William passe désormais du bon temps auprès d'une jeune inconnue. Le jeune prince a été vu en compagnie d'une jolie blonde et selon la presse britannique, toujours très au fait des agissements des membres de la famille princière, les deux jeunes gens ne se seraient pas quittés d'une semelle pendant leur séjour sur une île de l'Océan Indien. William et son amie ont passé leurs journées à nager, à pratiquer du ski nautique, de la plongée sous-marine ou encore à faire de longues promenades romantiques le long de la plage. Le prince, qui s'accorde une année sabbatique, vient de passer trois mois en Afrique. Loin de son pays et de la pression médiatique due à sa fonction et à son succès toujours grandissant auprès des jeunes filles du monde entier, il vit aujourd'hui, auprès de cette jeune inconnue, l'existence de tous les garçons de son âge.

자, 문장을 하나씩 볼까요?

Du nouveau à Buckingham. Le prince Williams semble passer du bon temps aux côtés d'une belle inconnue. La presse britannique est ravie.

- sembler + inf. : …하는 것 같다.

- passer le temps à qc: …하면서 시간을 보내다. 여기서 부분관사 du는 전적으로 한 가지만 하는 것은 아니다라는 의미로 보면 된다.
- aux côtés de qn : …의 옆에서 ex) à mes côtés 내 옆에
- inconnue: 형용사이나 관사를 붙여 명사화. e가 붙으면 여성 명사화로 미지의 여자란 뜻이 된다.
- être ravi de… : …으로 매우 기쁘다.

1. du nouveau à Buckingham = 버킹함에서의 새로운 변화

– 짧은 데 비해 이해하기가 쉽지 않다. il y a du nouveau로 문장을 보면 이해가 쉽다. 즉, 새로운 변화가 있다.

버킹함에 새로운 변화. 윌리암 왕자가 미지의 아름다운 여자 옆에서 좋은 시간을 보내는 것 같다. 영국 언론은 몹시 기쁘다.

Après ses différents périples autour du monde, le prince William passe désormais du bon temps auprès d'une jeune inconnue.

- périple: m. 항해 여행, 대항해, 여행, 일주
- monde: m. 세상, 사람들
- désormais: 이제는, 이제부터(는)
- auprès de: …곁에서

1. 기본문장: le prince William(주어) + passe(동사) + du bon temps(목적어) = 윌리암 왕자는 좋은 시간을 보낸다.
2. 누구랑: auprès d'une jeune inconnue = 한 젊은 미지의 여인 곁에서.
3. ses différents périples에서 différent은 다른의 의미보다 **다양한**으로 보는 것이 문장 내용에 더 적합하다.
4. autour du monde는 세상 주변이라고 해석이 되나, 여기서는 사람들 주위로 해석하는 것도 가능하다.

세상 주변을 (세상 사람들 주위를) 다양하게 여행한 후, 윌리암 왕자는 이제부터 한 미지의 여인 곁에서 좋은 시간을 보내고 있다.

Le jeune prince a été vu en compagnie d'une jolie blonde et selon la presse britannique, toujours très au fait des agissements des membres de la famille princière, les deux jeunes gens ne se seraient pas quittés d'une semelle pendant leur séjour sur une île de l'Océan Indien.

- en compagnie de: …와 함께(avec)
- être au fait de qc : …의 사정을 알고 있다.
- agissements: m. pl. 음모, 속임수
- famille princière: 왕족, 왕가
- quitter qn d'une semelle: …의 뒤를 졸졸 따라다니다.
- se quitter: 서로 헤어지다.
- l'Océan Indien: 인도양

1. 기본분장 1: Le jeune prince(주어) + a été vu(voir동사 수동태 복합과거) = 젊은 왕자가 보였다.
- 능동태로 고쳐 보면 on a vu le jeune prince = 젊은 왕자를 보았다가 된다.
2. 기본문장 2: les deux jeunes gens(주어) + ne se seraient pas quittés(대명동사 se quitter의 조건법 과거로 쓰인 부정문으로 추측을 나타내고 있다) = 젊은 이 두 사람은 헤어지지 안았을 것이다.
3. toujours très au fait des agissements des membres de la famille princière = 항상 왕가의 속사정을 잘 알고 있는 영국 신문
- 이 문장은 la presse britanique를 수식하고 있다.
4. 언제: pendant leur séjour sur une île de l'Océan Indien = 인도양의 한 섬에서 그들의 체류 동안

젊은 왕자는 한 예쁜 금발머리(여성)를 동반하는 것으로 보여졌는데, 왕가의 속사정을 항상 잘 알고 있는 영국 신문은 이 두 젊은이들은 인도양의 한 섬에서 그들의 체류 동안 한시도 헤어지지 않았을 것이라고 한다.

William et son amie ont passé leurs journées à nager, à pratiquer du ski nautique, de la plongée sous-marine ou encore à faire de longues promenades romantiques le long de la plage.

- passer à + inf. : …하면서 시간을 보내다.
- ski nautique: m. 수상스키

- plongée: f. 잠수
- plongée sous-marine: 스쿠버 다이빙
- faire la plongée sous-marine: 스쿠버 다이빙을 하다
- faire une promenade: 산책하다.
- le long de: …을 따라서

1. 기본문장: William et son amie(주어) + ont passé(passer동사 복합과거) + leurs journées(목적어) = 윌리암과 그의 여자 친구는 그들의 날을 보냈다.
2. 어떻게: à + inf.로 날을 보냈다. 즉 à nager, à pratiquer, à faire로 연결되는 문장이다. 해석을 하면 수영하고 스쿠버 다이빙을 하고 산책하는 것으로 날들을 보냈다.
3. 어떤 산책: à faire de longues promenades romantiques le long de la plage = 해변을 따라 낭만적인 (여러 번의)오랜 산책을 하는데

- 주의 할 점은 de longues promenades가 복수라는 것이고 **관사 des**가 **형용사 복수 + 명사 복수 앞에서 de**가 되는 것이다.

윌리암과 그의 (여자)친구는 수영과 수상스키와 스쿠버 다이빙을 하거나 또는 해변가를 따라 낭만적인 긴 산책을 하는데 그들의 날을 보내고 있다.

Le prince, qui s'accorde une année sabbatique, vient de passer trois mois en Afrique.

- s'accorder: (주어가 사물) 주어지다
- année sabbatique: f. 안식년
- venir de + inf. : 막…하다(근접미래)

1. 기본문장: Le prince(주어) + vient de passer(근접과거) + trois mois en Afrique = 왕자는 아프리카에서 막 3개월을 보냈다.

- en Afrique에서 **전치사 en**은 **좀 막연한 공간**을 말할 때 사용한다.

2. qui s'accorde une année sabbatique = 안식의 1년이 동의 된 (왕자는)

- 왕자를 설명하고 있는 삽입구로 이처럼 쉼표를 문장의 앞과 뒤에 가진 문장은 나중에 따로 보는 것이 해석할 때 쉬운 경우가 많다.

1년 간 안식이 허용된 왕자는 아프리카에서 막 3개월을 보냈다.

Loin de son pays et de la pression médiatique due à sa fonction et à son succès toujours grandissant auprès des jeunes filles du monde entier, il vit aujourd'hui, auprès de cette jeune inconnue, l'existence de tous les garçons de son âge.

- pression médiatique: f. 미디어에 의한 압력(스트레스)
- due(dû) à + n. : (에) 의한
- grandissant: 증대하는, 커져가는
- auprès de: …곁에서
- le monde entier: m. 전 세계
- de son âge: 그 나이 또래

1. 기본문장: il(주어로 왕자) + vit(vivre동사 현재) + l'existence(목적어) + de tous les garçons de son âge(l'existence의 동격) = 그는 그 나이의 모든 남자들의 삶을 산다.
- garçon은 소년의 뜻이지만 미혼 남성을 의미하기도 한다.
2. Loin de son pays et de la pression médiatique = 조국으로부터 멀리 미디어에 의한 스트레스로부터 멀리
- de는 loin에 걸리고 있기 때문에 loin de la pression으로 보면 된다.
3. due à sa fonction et à son succès = 그의 역할과 그의 성공에 의한
- due는 여성명사 la pression médiatique에 걸리고 있기 때문에 남성명사에 걸리는 **dû à**와는 다르게 **due à**로 쓰이고 있다.
4. toujours grandissant auprès des jeunes filles du monde entier = 전 세계의 젊은 여자들 곁에서 항상 커져가는 그의 (성공)
- 이 문장은 남성명사 son succès를 설명해주고 있기 때문에 grandissant이 남성명사를 수식하는 형용사로 쓰여졌다. 그러나 여기서는 형용사적인 요소보다는 현재분사의 성격으로 보는 것이 좋다. 문장을 바꾸어보면 son succès qui grandit auprès des …로 옆에서 커지는 그의 성공

그의 조국으로부터(멀리) 그의 역할과 항상 전 세계 젊은 여자들 곁에서 커져 가는 그의 성공에 의해 미디어에 의한 스트레스로부터 멀리 (떨어져) 그는 오늘 한 미지의 젊은 여성 곁에서 그의 나이(또래)의 모든 젊은 남자들의 삶을 살고 있다.

김일태

이화여자대학교 불어불문학과 졸업
프랑스 프로방스대학 문학석사
프랑스 프로방스대학 문학박사
현)동덕여자대학교 불문과 교수

논문
장 콕토의 "무서운 아이들"의 상상에 의한 복합성,
앙드레 말로의 "알텐뷔르그의 호두나무"와 생 텍쥐페리의 "전시조종사"의 비교 연구
(시간과 공간 속에 인간의 모습),
보들레르의 "recueillement" 분석 등 다수.

재미있는 시사프랑스어

1판 1쇄 발행 · 2002년 9월 23일
1판 5쇄 발행 · 2023년 11월 15일

저　　자 · 김 일 태
발 행 인 · 정 현 걸
발　　행 · 신 아 사
인　　쇄 · 대명프린팅
출판등록 · 1956년 1월 5일 (제9-52호)
주　　소 · 서울특별시 은평구 통일로 59길 4
전　　화 · (02) 382-6411 팩스 · (02) 382-6401
홈페이지 · www.shinasa.co.kr
E-mail · shinasa@daum.net

ISBN: 89-8396-211-9 (93760)

정가 15,000원